JN409428

별 하나 나 하나
별들의 고향

이관수 시조집

도서출판 국보

별 하나 나 하나 별들의 고향

초판 인쇄　2014년, 2월 24일
초판 발행　2014년 2월 28일

지은이　이관수
발행인　임수홍
편　집　한혜숙
디자인　박미영

발행처　도서출판 국보
주　소　서울 강동구 양재대로 114길 32 2층
전　화　02-476-2757~8　FAX 02-475-2759
카　페　http://cafe.daum.net/lsh19577
E-mail　kbmh11@hanmail.net

값 10,000 원

ISBN 978-89-93533-69-9

이 도서의 국립중앙도서관 출판시도서목록(CIP)은 서지정보유통지원시스템 홈페이지(http://seoji.nl.go.kr)와 국가자료공동목록시스템(http://www.nl.go.kr/kolisnet)에서 이용하실 수 있습니다.(CIP제어번호: CIP2014006058)

| 머리글 |

「별 하나 나 하나 별들의 고향」 시조집을 내면서

작품을 하나하나 쓰다 보니 작품들은 제법 모였으나 시조집을 만들려고 하니 그리 용이한 것이 아니었다. 물론 결단력과 능력의 부족이라고 생각한다. 마침 뜻을 같이 한 시조시인이자 문학박사이신 장희구 선생님을 만나 용기를 북돋아 주었으며, 비로소 작품집을 만들게 됨을 매우 고맙게 생각하면서 좋은 시조집이 되었으면 하는 소박한 소망이다.

우리에겐 옛 부터 노래가 있었다. 심신을 수양하는 데 있어서 음악을 중요시 하였고 시를 통해 사상과 감정을 나타내었으며, 풍류와 흥취를 즐기고 사회 현상을 토해 내기도 하였다. 이러하듯이 우리 시조문학은 사회의 핵이 되어왔다. 그러나 시대의 흐름에 따라 희미하여지기 시작하였고, 자취마저 감추려는 시점에 있다. 문학의 흐름도 시조 문학지를 제외하고는 시조를 찾아보기가 힘들다.

이홍우 시조작가는 우리 시조에 대한 견해로서 "아이들에게 가르칠 교과서에도 제 글 살리기를 도외시한 시조를 거의 빠트리고 있다"고 매우 걱정과 한탄을 하고 있다. 정말 우리의 맥인 시조를 소홀히 함은 매우 안타까운 일이 아닐 수 없다. 그래도 꺼져가는 불을 살리기 위해 전국의 시조 시인들이 노력하고 있음은 퍽 다행스러운 일이라고 생각한다. 과거에는 학교 현장에도 시조에 대한 관심이 있었으나, 세월이 흐를수록 관심도는 낮아지고 있는 실정이다. 이러한 관점에서 시조시인들의 임무는 매우 중요하다고 생각된다.

여러분들의 도움으로 시조집을 만들게 됨을 퍽으로 다행스럽게 생각하면서 부족하나마 시조집을 통하여 많은 사람들과 공유하며, 우리의 시조에 대한 관심으로 저변 확대가 되었으면 하는 바람이다.

序 文

시조시인 · 문학평론가 · 수필가
(사)한국한문교육연구원 이사장
문학박사 瑞雲 張 喜 久

송암과 나는 학문과 사상이 같이 때문에 가깝게 대화하는 사이다. 문학도라는 전공이 같았고, 교육자였다는 뜻이 같았으며, 이제 저물어 가는 나이에 무언가 세상에 남겨야 된다는 사상이 같았기 때문에 더욱 가깝게 지냈다. 나이도 가까운 동년배다.

송암은 세상에 태어나 큰 족적足跡을 남기는 훌륭한 아들이요, 남편이요, 아버지상을 스스로가 만들어 가는 모범을 보인 분이다. 그는 성실과 근면이 몸에 베였고, 다정다감한 애정과 우정을 지닌 따뜻한 분이다. 대화할 때 상대방의 말을 들어주는 분이고, 남의 아픔을 나의 아픔으로 생각하고, 나보다는 남을 먼저 배려해 왔다.

송암 문학은 늦게 성숙되었지만, 시상이 섬세하고, 크고 원대해 보인다. 송암 시를 읽어보면 성실한 가장이지만 시심의 곳곳에서는 애국심이 잔잔하게 스며나오는 국가와 국민의식이 강하다. 시 속에 스며있는 비유법이 남다르고, 가급적 직유적直喩的인 표현 보다는 잔잔한 상상 속에 은유적隱喩的인 표현을 주로 많이 썼다.

나는 송암의 시문학 세계를 다음 세 가지로 요약해 보인 바 있다. 첫째는, 시어詩語의 정교성精巧性 면에서 탁월하고, 둘째는 비유법을 잘 구사하고 있으며, 셋째는 시조의 정격을 잘 지키면서 촌철살인과도 같은 단시조라고 하는 평시조平時調의 시상을 잘 얽혀 내고 있다고 했다. 이만하면 시인으로써, 아니 시조시인으로 갖추어야 할 모든 조건을 두루 갖춘 셈이다. 시인에게 꼭 필요한 것은 급작急作이나 다작多作은 금물이라고 말한다. 곰곰이 생각하면서 시상 주머니에서 만지작거리기도 하고, 시지詩紙에 살포시 담아놓고 호비작호비작 거리면서 심고 거두는 제련製鍊이란 정제精製의 과정을 생명으로 여겨야 한다고 한다. 흔히 시詩 한 수를 지어놓고 백번은 읽고 다듬어야 한다는 말은 이를 두고 하는 말이겠다. 송암은 바로 그런 분이다.

자유시는 시조에 비해 언어를 압축하는 기교가 약하지만, 시조는 압축과 제련과정을 여느 장르보다 다양하게 요구한다. 3장 6구체라는 형식을 요구하고, 초장 중장 속에는 경景과 정情을 조화롭게 안배하는가 싶더니만, 종장에서는 앞 구를 이으면서 이른바 '비틀기'라는 시적인 전환을 강렬히 요구한다. 시조는 700년 역사를 갖은 우리 민족 고유의 문학이오, 민족 정서에 알맞게 다듬어지면서 온 몸으로 우려내는 문학이다. 평시조의 몸부림으로 다듬어진 시조는 율律과 려呂라는 시조창의 한 소절로 완성되어 잔잔하게 전해온 민중 애환은 물론 그리움과 보고픔 속에 성장해 왔다. 그래서 평시조는 한 마당으로 우려내는 시조창時調唱으로 완성되어 절정에 도달했다.

펄펄 끓은 용광로에서 철을 녹이고, 적당한 시간을 묵히면서, 수회에 걸쳐 담금질을 한 다음에도 행여 제련의 흠점이 없는지 검토한 후 육지에선 전동차나 전철이 만들어지고, 바다에선 거대한 배가 만들어지며, 일 밀리(1㎜) 오차도 없이 하늘을 나는 비행기가 만들어 지듯이, 송암 시조문학은 앞으로 이런 과정에서 생성되기를 바란다. 그래서 어느 시대 어느 상황에서도 부끄럽지 않는 좋은 작품이 일구어지리라 믿어 의심치 않는다. 송암은 꼭 그렇게 하는 좋은 [글벗]이 되면서도, 노년의 [말벗]이 될 수 있기를 간절히 기대하면서 처녀작 첫시조집 발간을 진심으로 축하해 마지않는다.

甲午年 元旦에 黎明書塾에서

|차례|

제1부_ 계절 따라서

제2부_ 자연의 미

제3부_ 사람들의 속삭임

제4부_ 세계는 하나인데

제5부_ 생각에 젖어

제1부 계절 따라서

피리 골, 오월, 봄, 목련, 봄은 오는데
봄을 심자, 화창한 봄날, 차속에서…

피리 골

피리 골
산골짝에
일렁이는 연못가

수양버들
봄빛 받아
신바람에 너울너울

친구들
조잘거리며 웃음보가 터진다.

피리 골
산골짝에
옹기종기 초가집

고을에
고을이
봄 향기에 취해서

산 밑에
동그마니 앉아 꿈 동산 그려본다.

오월 1

초록 빛
싱그러움
쏟아지는 산등성에

철쭉꽃
산자락에
야생화 천국이요

오월에
피어오르는
아지랑이 악보로다.

오월 2

파란 하늘
파란물이
산마을에 내릴 때

아지랑이
연두 빛이
녹색하늘 그리다가

오월의
태양 안고서
산 너머로 달린다.

진주 빛
여울물에
탐방탐방 손 담구면

송사리도
신바람에
살래살래 꼬리 들고

우리는
수초 되어서
꿈동산을 만든다.

오월 3

아지랑이 속으로
오월 향이 흐르고

철쭉꽃 꽃망울에
웃음꽃 피어나니

오뉴월
태양 열기가
거북산에 퍼진다.

아지랑이 재잘재잘
우정들이 싹이 트고

우지끈 뚝딱 소리
선잠을 깨울 때에

부엉 골
뒷산에서도
뻐꾸기가 울겠다.

오월 4

짙어진
아카시아 향
초록들에 물들이고

두견새
울음소리
오월의 향에 취하는데

오늘도
연민의 정에서
가슴앓이 하는구나.

봄 1

어디선가 불을 지펴
얼음 녹여 김 오르고

하늘에 봄기운이
날개깃에 묻어내려

봄빛을
녹이는 소리
천지가 진동한다.

반가운 손님이
올 것만 같은 날

움츠렸던 파란 싹이
봄기운에 요동하고

들에는
비취색으로
봄빛 그림 그린다.

봄 2

화사한
아지랑이
얼음장 밑에 녹아들어

하루 종일
속삭이다
봄기운 펴 올리고

파르르
뛰어오르며
하늘에서 놀잔다.

봄 3

삼월의 하늘에
빛들이 쏟아질 때

종달새 맴돌아
고운 빛 물어오고

뒤뜰에
노랑나비는
봄 향기에 취하는데.

봄기운이 하늘마다
초록으로 물들이고

퐁당퐁당 옹달샘에
하루 종일 빠지다가

휘 돌아
산골 마을에
사르르 잠들었네.

봄 4

겨우내 칼바람에
온 몸을 추스르다

봄기운 사르르
씨앗에게 툭 툭 툭

온 누리
봄이 왔다고
멜로디를 그린다.

사지가 뒤틀리고
몸마디에 가시 돋아

사랑의 종소리가
깊은 잠을 톡 톡 톡

희망의
전주곡이다
교향곡을 연주하자.

목련

엄동설한
찬바람에
깊이 파인 절벽이여

소태 속에
숨소리도
턱에 닿아 조이다가

하늘의
복음 소리에
언 가슴을 녹인다.

얽힌 마음
살풀이에
네 잎 멍석 깔아 놓고

걸어 온길
애무하며
한 나절 색이다가
내 뿜는
하얀 햇살에
하루해가 가는구나.

봄은 오는 데 1

봄날의 짙은 향기 뽀얀 안개 속에
봄 내음 물들이며 산등선 휘돌아
차창에 비친 그림자 진달래에 담는다.

반작이는 별들이 초록 잎에 앉아보고
향긋한 초록 잎은 봄님에게 인사할 때
산 넘어 오시는 손님 얼싸안고 춤춘다.

제비꽃 보라 꽃을 반지골무 만들어서
꽃반지님 곤지에다 예쁘게도 끼워보고
봄 향기 가득 싣고서 옛 동산에 가고 있다.

봄은 오는데 2

냇물소리 일어나서 학의 마음 날리고
파들짝 곤두질에 함박눈도 나비 되어
옛 동산 우리 속에서 꽃피우고 있구나.

하늘도 감동이라 냇물 속에 섞이고
학의 깃에 묻어나는 고향의 젖 냄새들
토하는 봄의 향기에 하늘도 파랗구나.

하늘 닿아 땅이 되고 땅이 솟아 하늘이라
나의 마음 네가 되고 너의 마음 내가 되니
하늘의 파란 들녘도 힘찬 봄을 일군다.

봄은 오는데 3

봄님이 숨어있다
찬바람이 무서워

해님이 숨어있다
눈보라가 차가워

언제나 따사한 봄날
파란 싹들 틔우려나.

앙상한 가지 속에
봄 동이 숨어있다

칼바람 흙 속에도
아지랑이 숨을 쉰다

하늘에 봄은 터지는데
아직도 살이 돋네.

봄을 심자

心心 마다
푸른 씨앗
구구절절 심어보자

따신 봄날 파릇하게
새싹 들이 만발하게

마음의
푸른 날개를
시 속에서 피워보자.

老木에도
봄날 되면
파란 싹이 돋아나고

여름에도 장성하면
매미들도 노래하고

마음에
봄기운 심자
아지랑이 피워보자.

화창한 봄날

따사한 햇살이 바스스 내려 앉아
아스팔트 길 위에 뒹굴어 구르는데
봄맞이 아지랑이도 봄 술에 비틀댄다.

차들도 요리조리 봄바람에 신이 났네
종종종 아가씨들 봄 햇살에 친구 되고
왔다네 봄이 왔다네 삼삼오오 걸어간다.

가는 사람 오는 사람 희희낙락 웃음 속에
겨우 내내 움츠렸던 찌든 마음 녹여 내고
여름이 풍덩 거린다 푸른 파도 일렁인다.

차속에서

따사로운 햇살인가
좋은가 하였더니

아스팔트 후끈 달아
마음에 불이일고

차창 밖 둥근 지구도
열가마가 되는구나.

차들도 기겁하여
이리 저리 달리는데

온 누리 여름인가
미리 몰라 뒤뚱대고

토하는 후끈 열기에
찜질방이 따로 없네.

불이 타는지

더위를
식히려고
하늘한번 처다 보니

펄 펄 펄
용광로에
태양마저 끓어나고

찜통 날
우리들 마음
산 바다로 달린다.

태양도
뜨거운지
이글이글 속이 타고

길 다란
차량들은
더위지처 헉 헉 헉
온 누리
불이 타는가
산 바다로 달려간다.

여름친구 찜통친구

겨우 내 움츠렸던 겁에 질린 찜통친구
봄 내내 진달래 꽃 붉은 물을 퍼 마시고
여름이 와르르 몰려 팔뚝에서 힘이 솟나.

찜통여름 솟는 힘에 강이 펄펄 산이 펄펄
솟는 강물 솟는 산에 찜통들은 신이 나나
열탕에 솟치는 여름 지구는 몸살이오.

여름친구 찜통친구 척척 맞는 인연으로
힘 솟아 물 끓이어 가마솥에 증기 열탕
찜통은 천국 나들이 이 몸은 지옥이오.

여름날 오후

바람도 숲으로
도망가는 한나절

땀방울 주르륵
이마에 맺히고

더위에
지친 세상은
부채질에 정신없네.

이글대는 태양이
붉게 타는 오후에

울타리 삽살개도
헐레벌떡 혀 나오고

해님도
신바람 나서
개들과 씨름하네.

찜통더위 1

더위에
못 견디어
윗도리 벗어내고

목욕탕에
텀벙텀벙
물을 좍좍 뿌려 봐도

더위는
나를 데리고
심심 계곡 찾는다.

이글 더위
못 견디어
땀방울 훔쳐내고

선풍기는
돌아가고
바람 좍좍 쏘여 봐도

찜통은
나를 데리고
바닷가로 달려간다.

찜통더위 2

용광로 하늘에는 쇳물이 녹아내려
새파란 별들도 숨죽여 하는 말이
얘들아 삼봉 약수터 숨 쉬려 가자구나.

태양도 찌다 지쳐 그늘만 찾는 계절
바람 속에 흔들흔들 땀방울 훔쳐내다
옹달샘 깊은 물속에 빨려가고 있구나.

땀방울 모여들어 한강수가 되려는지
골짝마다 굉음소리 하늘을 도려내고
희뿌연 탕 물속에는 열대어의 고함소리.

더위

송골송골
땀방울이
맺히는 한나절에

여름이
풍덩 풍덩
강물에 뛰어 들고

숲들도
더위에 지쳐
물속에 잠긴다.

구월의 햇살

살을 데워 훌훌 벗던
벌거숭이 햇살이

푸덕푸덕 여름 향기
마음대로 풀더니만

어느 날
노란 햇살에
구월이 문을 연다.

못다 한
맺힌 사연 그렇게도 많았는지

이글대는 속 알리는
아직도 풀어내는데

가을의
국화 향연에
슬그머니 물러간다.

가을 단풍

高空의
하늘가에
단풍 잎 그려지고

봉우리
楓山마다
오색 물 가득한데

산마다
노을이 빠져
붉은 물 울어난다.

가을의 소고

오늘인가
내일인가
가슴에 조아리다

긴긴 여름
폭염인가
숨조차 멈췄는데

산 아래
옥색 치마에
간장 속에 바람 인다.

불타오른
여름 폭서
사르르 살아지고

숨 막혔던
여린 마음
구절초에 취하는 데

가을도
장대 끝에서
소슬 바람 조롱한다.

가을 향

파아란 하늘에
흰 구름 흘러가고

코스모스 한들거려
잠자리 친구삼아

가을 향
흠뻑 마시며
색동잔치 정신없다.

삼라만상 색조들이
날개 짓에 모여들어

잠자리 공중 곡에
가을빛도 놀랐는지

하늘의
오색 물들이
와르르 쏟아진다.

가을 길

코스모스 꽃잎마다 사르르 걸터앉아
여름내 그리웠던 향 내음 맡으며
저 멀리 뭉게구름에 가을을 새긴다.

바람도 설렁이며 마을 길 돌아서
휘이익 산 너머 옹달샘도 빠져보고
산마다 가을바람에 잎 살에 물이 든다.

오색구름 오색 마음 속속들이 물들이고
텃밭의 파란고추 가을 향에 취했는지
들녘의 고추잠자리는 여기저기 익어간다.

가을 달밤

마음은
달빛 속에
잔잔한 호수같이

꿈속에
은색실로
예쁘게 수를 놓고

들국화 피는 언덕에
가을향기 짙어라.

낙엽 잎
밟는 소리
소슬바람 잠깨 우고

귀뚜라미
돌 돌 돌
마당에 가득한데

지붕 위
동글 박님도
가을향이 짙다네.

눈 내리는 날

하늘에서
포근한
눈송이 내리면

운동장 아이들은
흰옷으로 갈아입고

서로들
재주넘으며
웃음바다 됩니다.

까치도
신이 나서
가지에서 흔들흔들

눈송이 한 아름에
겨울 준비 끝났다고

깍 깍 깍
동네 한바퀴
온 마을 알립니다.

동장군

칼바람이 울어대는 동장군의 기습에서
너도나도 종종대는 얼어붙는 발길에는
하얗게 뿌리 내리는 겨울의 찬가인가.

싸늘함이 스며드는 살을 에는 새벽길에
여기저기 찬 기운에 종종 대는 걸음에는
함박눈 펄펄 내리는 한 겨울의 반주인가.

제2부 자연의 미

절경, 개나리, 산골 마을, 연영초, 꿈의 학
설경의 유혹, 태백산의 산행, 울릉도...

절경

잔잔한 호수 가에
백조가
조아리고

담 넘어 조롱박이
출렁이는
초가삼간

선녀의
치마 자락이
뜰 안에 가득하다.

시냇물 졸졸졸
조약돌
굴리며

바람은 솔~ 솔
산마을
구경하다

산 속에
선녀 되어서
훨~ 훨 날아간다.

개나리

개나리
예쁜 꽃은
봄에만 피는 꽃

노랑 물
물들이고
담장 밑에 숨어 피다

봄님의
웃음소리에 사르르 웃음보가.

개나리
예쁜 꽃은
봄바람에 피는 꽃

노랑물
물들이고
울밑에 숨어 피고

농부의
이랴 소리에 꽃잎도 한들댄다.

산골 마을

산골 마을
밤이 되면
온 마을이 반디 고향

반짝 반짝
반디 마을
반디축제 한창인데

옛날에
어린 시절에
그 때로 돌아간다.

산골마을
밤이 되면
하늘에서 축제무대

별 빛이 흐르고
달빛이 흐르고
은하수에 별이 총총

반디 불
산골마을에
꽃처럼 피어난다.

연영초

하늘나라
선녀님들
태백산의 향에 취해

깊은 골
바위 골에
사뿐히 내렸다가

그윽한
태백향기에
연영초가 되었구나.

태백산
골짜기에
홀로 핀 연영초여

하늘대는
치마 자락에
살며시 눈을 감고

가련한
그대 곁에서
천년만년 살리라.

꿈의 학

어제 밤
꿈속에
넓고 넓은 밤하늘에

들에도
날아가고
바다에도 날아가고

깊은 밤
넓은 세상에 종이학이 되었네.

어제 밤
꿈속에
넓고 넓은 밤하늘에

미국에도
날아가고
중국에도 날아가고

깊은 밤
넓은 세상을 한 바퀴나 돌았네.

설경의 유혹

땀방울
맺히는
팔월의 중복에

한 폭의
설경이
전율되어 흐르고

여름날
삼복더위에
얼음판이 되는구나.

차디찬
기운이
사르르 녹아들고

이마엔
하얀 서리
팔월에도 내리는데

차디찬
오장육부가
겨울이 되는구나.

태백산의 산행

고사 돼지
돈 물고
산자락은 사람 물고

단무지
소찬에
찬밥도 꿀맛이라

입안에
사르르 녹는
천하일품 꿀맛이네.

오천년
잔뼈 굵어
오늘의 태백산이

한줌의
흙 속에도
조상의 혼 묻어 있고

우리들
끓는 피에도
장엄함이 흐른다.

울릉도

하늘의 내림인가
바다의 솟음인가

휘영청 솟아올라 왜구를 호령하고
하얀 물보라도 기염을 토하는 데

해국의
찬란한 꽃이
힘차게 피는구나.

바다의 기를 받아
동해바다 얼싸안고

울릉도 힘찬 기상
독도에 힘을 주고

해국 화
찬란한 역사
힘차게 피는구나.

명성산

억새의 물결이
명성산을 휘어잡고
구름도 산자락을
넘어가다 흥얼대고
바위틈
어린 야생초
신바람에 살랑인다.

바람이 노래하네
구름이 흘러가네
억새가 춤을 추고
바위가 흥얼대고
자연이
살아 숨 쉬는
우리들의 천국이다.

단풍잎

햇빛이 노랗게
빨갛게 퍼지는 데

노랑 물 머금고
빨강 물 머금고

단풍잎
어여쁜 색시
시집가고 싶단다.

햇빛이 노랗게
빨갛게 퍼지는 데

노랑 물마시고
빨강 물마시고

단풍잎
의연한 총각
장가가고 싶단다.

상원사

덩그런 기와장에 꿩들의 혼령들이
은혜를 못 잊어 잠 못 들어 하는 데
한줄기 소슬바람은 자장가를 불러대고.

하늘 휘저어 구름과 놀던 바람
상원사 뒤뜰에서 소꿉놀이 심심하여
휘돌아 아래 마을로 나와 같이 놀자한다.

빗방울

빗방울 구르다가 웅덩이에 빠졌다
하나 둘 셋 넷 퐁당대며 조잘대며
온종일
신바람 난다
퐁당 방아 찧는다.

빗방울 구르다가 나뭇잎에 얹혔다
사르르 구르다 비단 물결 타다가
천리 길
곤두박질에
지구가 도는구나.

산

봉우리 자락마다 마음 문 활짝 열고
아래 마을 개천가 살포시 내려오다
푸짐한 이 내 마음이 고기떼 놀린다.

산에서 살고 있는 한 마리 작은 새
산들이 좋아서 노래를 부르면
솔바람 마중 소리에 대답하는 메아리.

산들은 산이 좋아 산끼리 소근 소근
다람쥐는 파들 짝 토끼는 줄행랑
온종일 뛰고 달리며 운동회 하는구나.

바닷가 새벽

수평선이
열리면서
새벽이 오고 있다

밤새도록
날개 짓에
해를 품고 누었더니

우르르
날아오르며
바다가득 열고 있다.

저녁

산허리를
닫으면서
별빛 하늘 재촉한다

하루 종일
날개 짓에
해를 품고 노니더니

우르르
산을 넘으며
산속 마을 열고 있다.

붉은 노을
태우면서
달빛 하늘 열어간다

온종일
빛 뿌리며
은하수를 거닐더니

사르르
마을 속으로
별빛 마을 꽃 피운다.

보름 달맞이

아이들이 우르르
들판에 모여들고

달님은
해죽 해죽
동산으로 솟아올라

오늘이
보름이라고
복지마을에 수다 떤다.

방글대는
달빛 속에
온 누리가 달에 취해

횃불도
달 속으로
퐁당퐁당 뛰어들고

달님도
널뛰기하다
횃불 속에 들어간다.

한계령

파란하늘
주저앉아
선녀바위 촛대바위

눈 속마다
가득가득
비단물결 찰랑이고

창가에
흐르는 풍경
황홀경에 빠집니다.

백두대간
신의 재주
한계령의 만물상

가슴속에
차곡차곡
열두 곳간 다 채워도

넘치는
신비로움을
담을 곳이 적습니다.

솔향기

한줄기의
여름은
물소리로 익어가고

숲 속의
솔잎소리는
구름 되어 흐르는데

내 마음
솔잎 향기는
산 너머에 구른다.

안개와 여울

오뚝하게 내미는
순이의 보조개에

진달래 먹으며
꿈동산 설계하던

안개 속
그림 그리며
하늘에 날개 단다.

자욱한 여울물이
재잘대며 지나더니

이제와 생각하니
친구들이 보낸 소리

어릴 적
흠뻑 적시며
그 시절로 돌고 싶다.

대천 해수욕장

파도가 밀려오고 시샘들이 터지고
시정이 모여들어 노래되어 퍼질 때
폭죽의
환한 웃음에
해안가 들썩인다.

해안가 가로등은 바다를 물들이고
하늘에 별님달님 축복이 쏟아지고
바닷가
파도 물결은
시샘으로 철썩인다.

장승포 유람선

흥겨운 노래 가락이
파도 되어 흐르고

갈매기 끼룩끼루룩
유람선 몰고 갈 때

하늘의
하얀 구름도
네 박자 그려댄다.

신선이 빚었는지
우뚝 솟은 기암괴석

절벽에 생초들은
하늘 뜻에 순종하듯

수평선
바라보면서
모진생명 섞는다.

태백산

풍파 딛고 일어선 장엄한 태백산아
비바람 속에서도 자태를 잃지 않고
산마다 자랑스럽다 단군의 혈맥이여.

흰 구름 몽실몽실 허리를 휘어 감고
오천년 희로애락이 뼈 속까지 스며들어
흙 한줌 먼 하늘가에 별이 되어 반짝 인다.

산들이 너무 좋아 눈 비비며 보았더니
녹색치마 단장하고 이리로 오라하네
일찍이 알았더라면 산태공이나 될 것을.

지붕위에 박

옥구슬 구슬박이
지붕위에 살이 찌고

쪼르르 미끄러워
곤두박질 구르는데

박들도
배꼽 잡고서
깔깔깔 까르르르.

둥근 박 주렁주렁
지붕위에 매달리고

속살을 찌우면서
여름 내내 지내더니

솔바람
바람 따라서
시집가고 싶대요.

나무

어릴 적 키대기에 아이 나무 좋아서
석자도 안 되는 키 언제나 키가 크나
하늘을 바라보면서 소원을 빌고 빌어.

봄 내내 여름 내내 원동기 가동하고
가냘픈 잎 파랑에 햇빛 물 마셔가며
그토록 애끓는 소원 열자는 더 컸죠.

달이가고 해가가고 몇 십 년 흐르고
몸뚱이 굵어져서 팔 벌려 안아보고
이제는 어른 되었다 기지개 켜봅니다.

송아지

꼬리에
힘이 없이
산골길 팔려간다.

새벽길
안개 숲도
송아지를 감싼다.

음매에
엄마 찾는 소리
메아리로 퍼진다.

선풍기 바람

방안에 들어서면
우리 강산 그득하다

구구절절 폭포수라
어이구 시원하다

선풍기
돌아가는 바람
별천지가 따로 없네.

컴퓨터에 부팅하니
초록절경 우리강산

하늘에 솟아올라
땅위에 펼치는지

시원한
천공 바람에
하늘도 파래진다.

추석날

송편에다 추석 넣고
추석에다 송편 담아

밤새도록 옹기종기
깊어가는 가을밤에

옛날에
추석날에는
은하수에 별을 심었다.

달님 별님 숨어들어
구름 속에 달님별님

애들아 하자구나
술래놀이 하자구나

새도록
술래 놀이에
오줌 싸서 까만 하늘.

바닷가 1

새하얀
햇살에
파도위에 갈매기는

일렁이는
파도 따라
너도 훨훨 나도 훨훨

우리는
어깨동무 친구
그 시절이 그립구나.

멀리서
들려오는
동백꽃 교향곡이

파도에
실리여
해변에 퍼질 때

사르르
텅 빈 교실에
풍금 살을 더듬는다.

바닷가 2

파도에
흘러가는
바닷가 갈매기는

하루가 즐거워라
까르륵 하늘 날고

하늘도
흰 구름 띄워
여름이 즐겁단다.

모래사장
갯벌에는
연인들의 조잘 소리

뱃고동 소리도
그 옛날에 취했는지

못 다한
그리움 들을
통 통 통 쏟아낸다.

달님 별님

달님이 살며시
창가에 찾아오면

그리운 임이라도
오시려고 설레는지

못 다한
그리움들이
달빛 되어 흐른다.

별님도 살며시
창가에 찾아오면

하나 둘 얼싸안고
회포를 속삭일 때

이불속
뭉게구름에
포근히 잠이 든다.

장대비 내리는 날

무엇이 원통하여
하루 종일 두드리나

맺힌 한 주룩주룩
하루 종일 풀면 됐지

아직도
풀지 못 했나
먹장으로 흐르는데.

속속들이 파인 흔적
어혈가슴 부여안고

하루 종일 풀었는데
냉기는 더해가고

언제나
사그라지나
억수 같은 장대비여.

한가위

보름달 두리둥실 얼씨구 구경 가자
너와 나 우리 모두 훨훨 날아 달맞이
한가위 보름달이다 둥글게 맞이하자.

여름내 장맛비에 구름에 묻히다가
하늘에 오색구름 두둥실 노닐 적에
보름달 잔디 구름에 잔칫상이 가득하다.

초저녁 밤

새도록 울고 싶은 속 절인 마음에는
한잔의 취기만큼 슬픔에 잠겨있고
혼령에 뿌리는 마음 등위로 흐른다.

연기를 피워내어 황혼 빛에 물들이면
초저녁 땅거미는 추억들을 그리다가
평생에 못 다한 눈물 거미줄에 걸어 본다.

화가 구름

두둥실
두리둥실
화가 구름 신이난다

토끼에
다람쥐에
호랑이에 멧돼지에

온종일
신바람 난다
여기저기 그려본다.

야생화

피고 지고 꽃송이에 온 누리에 우리 꽃들
찬 서리에 모진 바람 역경 속에 야생화여
산천의 자랑이어라 행진곡에 힘을 주자.

쓰러지면 일어나고 억 만 번을 넘어져도
삼십 육년 뼈저림에 육이오를 이겨낸 꽃
장하다 삼천리강산에 우리 얼이 숨을 쉰다.

금수강산 기백 속에 배달민족 꿈을 꾸고
오천년을 이어 온 꽃 장한 들꽃 우리의 꽃
손 모아 감싸 안으며 사랑으로 보답하자.

백암산 가령폭포

하늘에서 내려오는 정기들의 힘참이라
섬섬옥수 골짝마다 옹기종기 모였다가
우르르 폭포 되어서 천리 길 쏟아낸다.

줄기마다 폭포수는 하얀 치마 깔아놓고
쏟아내는 폭음소리 여기 저기 요란한데
눈감아 머릿속에는 온 세상이 폭포로다.

힘차게 떨어지며 바위 절벽 곤두박질
머리가 빙그르르 흰 거품이 일어나고
아픔에 굉음 소리는 폭포수를 울린다.

창틈으로 들어오는 햇살

긴긴 세월
너와 나는
찰떡궁합 육십여 년

희로애락
인생사에
백발이 날리는데

햇살아
억 겹 흘러도
언제나 동안(童顔)이냐.

오늘도
바스스
문틈사이 들어오고

실눈이
사르르
창틈으로 달리는데

온종일
바스스
창문에서 경사로다.

어미 새 아기 새

여름날 밤
초록 빛 너무 그리워

어미 새 그리워라
올려 치닫고

아기 새 보고파라
뛰어 내리고

밤새워
오르내리다
새벽닭 날개 친다.

한 편의 시

하얀 밤 지새워 이른 새벽 불 밝히고
머릿속 흔들어 하나하나 보듬어도
가시밭 험한 산길에 아픔이 저려온다.

한 톨 한 톨 주워 모아 채우고 채우어도
공허 속에 나날들은 왜 그리 허전한지
밤새워 맴돌아 돌며 제자리로 오는구나.

어머니 산후통에 그 어디 비하리오.
머리 끈 질근 매고 문고리 잡아 틀고
이 밤에 생명 줄 하나 탄생이 되려는가.

나무 잎 하나

파르르 잎파랑이 대롱대롱 애걸하다
새파란 칼바람에 사정없이 목이 날려
봄날이 언제 오려나, 애타게 뱅그르르.

여름날 팔랑대던 푸른 물결 가슴안고
흰 구름 동동 불러 친구삼아 희희낙락
따사한 여름 한나절 그 시절 그려본다.

제비꽃

천사의 나래 펴고
포르르 고개 숙여

달콤한 봄의 향기
오수에 젖어 들어

살포시 내려앉으며
미소에 젖어든다.

겨우내 품은 향기
속으로 새기다가

파르르 봄바람에
봄소식 알아듣고

배시시 흐르는 전율
제비꽃이 피나보다.

병솔 꽃나무

앵두 같은
붉은 입술
곤지곤지 찍어놓고

멀리에서
들려오는
심야의 종소리에

붉을 놀
붉게 타올라
가지마다 앉는구나.

천지연 폭포

하늘의
솟음이
땅으로 뻗치는지

지표의
놀라움이
하늘을 날고 있고

물방울
구슬 꿰어서
하늘을 덮는구나.

다리 난간의 야생초

세상사
험한 길에
위태롭게 목숨 걸고

긴긴 세월
모진풍파
굳세게도 살아가는

자주 빛
은빛 날개로
멀리도 가는구나.

제주 해변

해안선에 넘실대는
파도들이 한창이다

오선지를 두드리며
올라가고 내려가고

파도여
꿈의 교향곡에
갈매기도 신이난다.

하얀 파도 어깨 겯고
어깨동무 어디가나

바위섬에 꽃이 만발
화전놀이 가나 보다

마음의
파도 되어서
갈매기를 부른다.

무궁화

오천년의 민족정기
화양강에 흐르는데

석화산의 정기들은
무궁화로 피고 피어

꽃 중에 보배이어라
고향의 넋이구나.

골목마다 무궁화요
마을마다 웃음이라

오순도순 어깨 겯고
달님 별님 박수치고

세계로 뻗쳐 가리라
대한의 무궁화여.

저녁노을

붉은 노을 이글대는 마지막 안간힘이
하나 둘 낙엽 되어 옛 시절 돌아가고
지난 날 솟구치었던 그 때가 그리워라.

아침에 달려보고 저녁이면 원 그리며
산 넘고 물 건너 인생행로 걸어온 길
일평생 저녁노을에 원 그리며 살았네.

산야

하얀 구름 파란하늘 이리 저리 떠돌고
물결은 들판 위에 구름 되어 흐르는데
인생의 희로애락이 산야에 피고 진다.

종달새 봄을 캐고 아지랑이 꿈속에서
여름 날 천지기운 몸속에서 요동하고
가을엔 갈색 도화지 오색을 그려댄다.

제3부 사람들의 속삭임

아기, 설록차, 고향의 산야, 가는 해, 오는 해 설날

욕심을 버리면, 세상이 바뀌는 날, 세련....

아기

엄마 앞에 생글생글
귀엽다고 뽀뽀뽀

아빠 앞에 방글방글
예쁘다고 뽀뽀뽀

온종일
뽀뽀거리다
아기 볼 빨개진다.

옹알옹알 우리아기
별님도 뽀뽀뽀

소록소록 우리아기
달님도 뽀뽀뽀

연곤지
볼에 찍히어
아침도 붉어진다.

고향의 산야

얼이 서린
고향의 산야는

아스라이 이어지는
어머니의 젖 줄기

오늘도
회오리 안고
가슴앓이 하는구나.

비바람에
눈보라에
평생의 고향안고

긴 세월
하루처럼
버티어온 산들이여

철부지
애환을 안고
산맥으로 흐른다.

설록차

눈이 오는 창가에서
설록차를 끓인다

홍건히 고인 찻잔에
우리네 삶을 적시면

부귀는
끝이 있어도
녹향 맛은 끝이 없네.

눈이 오는 창가에서
설록차를 끓인다

찻잔에 가득 가득
우리 삶 녹이면

영화는
끝이 있어도
녹향 맛은 끝이 없네.

은은한 설운의 소리
설록차를 끓인다

마음에 가득 가득
설록차를 마시면

우리네
얼었던 마음
설록차가 녹인다.

가는 해 오는 해

갑오년
새해 속에
동녘 하늘 밝아온다

흘러가는
세월이라
칭칭 감아 묶어둘까

하늘에
지는 해 보고
넋두리나 해보자.

홍안은
어디 가고
주름살만 살찌는지

고운 살결
어디 가고
푸른 핏줄 곤두서나

눈 감고
주름진 얼굴
만져보면 무엇하리.

설날

동녘하늘
발그레
한라에서 백두까지

오천년
한 민족에
끈끈한 힘이 솟아

세계 속
대한민국
한류 풍 꽃 피우자.

칠천만
백의민족
한반도에 터전 잡아

논 갈고
밭 갈고
오천년이 흐르는데

단군의
힘찬 힘이어
세계로 뻗어가자.

욕심을 버리면

욕심에
눈이 멀어
한 평생 헤매다가

가시가
목에 걸려
고통 받는 사람보소

버릴 것
욕심을 버리면
행복하게 사는 것을.

세상이 바뀌는 날

바다는 파도 물어서
하늘에 바다 놓겠지

하늘은 구름 물어서
바다에 하늘 놓겠지

세상이
바뀌는 날에
천지가 뒤집어 지겠지

준비하는 자세

여름날 날 풍성한 날 개미같이 노력하면
허허 벌판 눈보라가 싸늘하게 몰아쳐도
초가집 연기 오르며 자장가에 즐겁단다.

오곡백과 풍성해도 매미 같이 놀다보면
엄동설한 세찬바람 바람막이 하나 없어
세찬 날 쉴 곳 없어서 지친 몸에 고행이다.

건강하다 방심하고 준비 없이 살다보면
병든 몸에 찢어진 살 일그러진 눈망울에
전신에 흐르는 눈물 눈물만이 가득하다.

세련

먹장구름 꽈르르 번갯불에 물결 튀고
고래파도 세찬물결 바다 속이 뒤집혀도
하룻밤 고요 안고서 잔잔한 물결 된다.

소태맛이 쓰다한들 세상살이 맛 일쏘냐
모진풍파 몸에 새겨 열두 고랑 파이어도
하늘의 거울 속에는 꽃가마가 지나간다.

바람 불어 흔들리고 세찬 비에 찢기 우고
뜨거운 날 몸 가리고 이리저리 이겨내면
화사한 따듯한 봄날에 하얗게 피웁니다.

아내

아침밥
모락모락
부엌에 김 오르고

저녁밥
옹기종기
밥상에 모여 앉아

육남매
어른 되어서
이제에 고맙단다.

바다 같은
자식 사랑
늙는 줄도 모르도

태양 같은
뜨거운 정열
이마엔 주름살이

일평생
가시고기인 아내
무엇으로 보답하리.

어머니 1

희미한
등잔불에
호미 들고 이랑 캐신

개천가
호들 소리
벗을 삼아 한 평생

손바닥
맺혔던 물집
못 따드린 아쉬움.

어머니 2

어허 둥둥
귀염둥이
눈 속에다 앉히고

부모님께
효자동이
형제간에 우애동이

일평생
가시고기 사랑
주름살만 깊어간다.

청춘

끈질긴
여름흔적
가지 끝에 애걸한다

세월이
흘러갔나
강한 모습 어디가고

추억에
추억 더듬는
초록의 아픔이여.

주름살
조롱조롱
이마 살에 구걸한다

젊음의
강한 의지
세월 속에 흘러갔나

나 홀로
그리움 속에
청춘이 통곡한다.

정년퇴임

스무 동이 홍안에서 조잘 무리 등에 업고
아침 해 두둥실 어느새 밤 내리고
아이들 족두리 쓰고 세상맛이 쓰다 한다.

오늘이 올 줄이야 진작 알았다면
어허 둥둥 등에 업고 토닥토닥 했으련만
종아리 피멍 들겠다 눈시울이 붉어진다.

이제야 정년에서 마음 털어 버리고
하늘에 넓은 세상 한 아름 안으며
흘러야 썩지 않는다는 말 순리대로 살리라.

같이 살자

구름아 두둥실
같이 가세 구름아

동해도 같이 가고
서해도 같이 가고

구름아
흘러 흘러서
두둥실 같이 가자.

하늘아 흘러서
흘러서 어디 가니

금강산도 같이 가고
한라산도 같이 가고

하늘아
흘러 흘러서
오순도순 같이 살자.

도우며 삽시다.

앞으로
가셔요
종종종 갑니다

뒤에로
오셔요
조심조심 오셔요

인생사
앞서거니 뒤서거니
우주원리 아닙니까.

앞선 사람
손 내밀어
뒤친 사람 손을 잡고

뒤진 사람
손 내밀어
앞선 사람 따라 가고

손에 손
잡고 잡으며
앞으로 나갑시다.

업보(생전에 지은 죄)

손등에
상처야
세월이 약이 되고

찢어진
옷들이야
기우면 되지마는

생전에
지은 업보는
지울 수가 없답니다.

평생교육(숲 해설가 교육)

육 칠 팔세
동안들만
배우는 줄 알았더니

육칠십 세
배움에도
남녀노소 따로 없소

배움에
끝이 없다고
불타는 학구열들.

배우는
열기들이
눈빛에서 솟구치고

저마다
꿈들이
마음속에 가득한데

미래의
꿈을 위하여
설계하는 교육생들.

만국기

산골마을 잠이 깨고 운동장의 함성소리
오늘만은 이겨다오 불끈불끈 땀을 쥐고
엄마도 아이가 되어 운동장을 달린다.

숨이 차게 뛰어보는 만국기 깃발아래
손뼉이 다 닳아도 우리 편아 이겨다오
터져라 목청 높이는 가을하늘 신났다.

이웃사촌

즐거움도
괴로움도
이웃끼리 함께하면

걱정거리
물러가고
희희낙락 백조 되고

저녁에
노을 되어서
사촌 되어 어울린다.

이웃끼리
정이 들면
사촌보다 가까운 길

미운 정에
고운 정에
차곡차곡 쌓다보면

이웃에
사랑이 가득
함박꽃이 피어난다.

아내의 위안

모태의 탯줄에서 사랑받고 자란 아기
열 달 뱃속 따사하지 거기가 천국인데
세상 밖 모진 바람에 아가야 차갑겠다.

딸이라 한탄이네 시어머니 화가 났네
이 일을 어찌하나 고추라도 따 올 것을
무심한 삼신 할멈에 모두가 내 탓인데.

세상도 변했는가 전화통에 불이 튀네
하루에도 열 두 번씩 딸들의 목소리에
사르르 녹아내리는 아내의 쓰린 마음.

불효의 한

부모님의 살아생전 효도한번 못 하며는
"불효부모 사후회"라 돌아가신 뒷날에는
후회에 통곡을 한들 부질없는 짓이로다.

부모사랑 알지 못 해 불효마음 뉘우쳐도
서린 마음 풀지 못해 死後悔를 써보건만
불효에 맺힌 마음은 한이 되어 탄식한다.

늦은 효도 후회한들 살아생전 못한 것이
높고 깊은 부모사랑 가슴속에 새겨 두고
획마다 글자 속에는 눈물방울 맺히도다.

산의 몸살

파헤쳐진 산자락에
벌거숭이 아픔으로
속살에다 인조건물
아낙들의 웃음소리
산속의
산의 정기는
몸살을 앓는구나.

산골짝에 깊은 골에
산새들은 흔적 없고
옹달샘의 옥수 물은
인간세상 오염 되어
천지는
슬픔 안으며
피멍이 드는구나.

유치원생 재롱잔치

사뿐사뿐 귀염둥이
유치원생 재롱잔치

빨강 옷에 파랑 옷에
무지개 옷 갈아입고

아이들 동동 재주에
부모님들 신이 나네.

고사리 손 하늘하늘
나비같이 천사같이

엄마 좋아 박수치고
아빠 좋아 박수치고

우렁찬 박수 소리에
꼬마들이 신이 나네.

탑골공원 어르신들

빈손으로 나왔다가 빈손으로 가는 인생
이마에 인생 계급 한 겹 한 겹 쌓이는데
무심히 흐르는 세월 주름살만 늘어나네.

녹음방초 왕성할 때 벌 나비도 왕성한데
하얀 서리 찬바람 부니 온풍은 간곳없고
덩그렁 촛대 바위에 엉덩이만 차갑다네.

삼삼오오 모이는데 천원 몇 잎 하루 인생
목구멍이 포도청인가 한 톨 밥알 들이대고
덧없는 인생살이에 부처님이 다 되셨네.

어망 속에 고기 먹으려다 죽은 갈매기

조상님이
탈이 났나
가시에 목이 걸려

애타게
울부짖다
갈기갈기 찢어지고

울면서
태여 날 적에
옥야금야 하였는데.

먹이에
사슬 되어
한 마리 낚으려다

어쩌다
서슬 퍼런
대왕 앞에 꿇어 앉아

속죄의
뉘우침인지
사체로 속죄한다.

정겨운 사진보며

설악산 신령들이 돌돌돌 물(水) 굴리다
자르르 산자락에 허리피어 병풍치고
그 속에 우리의 정이 한 폭의 그림이요.

삼발이도 두발이면 뒤뚱거려 절름발이
삼총사도 이총사면 무엇인가 허전한데
우주의 삼삼 원리가 우리 보고 한 말이요.

한 폭의 그림에서 정이 솟아 샘이 되고
삼삼오오 짝이 되어 훨훨 날아 즐거웠던
눈(目)감아 지평선으로 물결이 일렁이오.

지하철의 경로석

경로석에 앉았다고 독수리 눈 좀 보소
둥글둥글 굴리다가 황천길에 빠지겠소
고만 좀
하이소이다
배나왔소 어찌하오.

젊은 좌석 기웃기웃 어이쿠 여기로다
빙그레 웃음 짓는 아량 많은 젊은 청년
보이소
어르신 양반
체면이랑 어디 갔소.

인간의 오점

아담 하와 원죄인가 칼바람 높은 파도
뜯어내고 찢기 우고 오장육부 뒤흔드는
원죄의 뒤엉킴에서 벗어나기 어렵구나.

쓴 웃음에 희죽 소리 양의 가죽 쓰지마는
골이 패인 이마에는 악취 흔적 여전하고
미소에 양의가죽에 속속들이 원죄구나.

높은 건물 우굴 대는 회색바랜 도시 얼굴
세상에서 제일인양 우쭐대는 인간인가
소유는 빙산의 일각 그리도 뽐내는가.

삶

창문에 서리는 차
살기위해 질주하고

새싹 돋음 움츠렸던
생명의 트림에서

희색 빛 전율 흐름에
이 밤도 깊어간다.

삶의 다툼 생존에서
땅 끝이 좁다하고

억센 생명 부귀영화
평생인줄 알았는데

힘 빠진 병상 침실에
고해성사 속살 인다.

봉사 활동

조롱조롱 땀방울이 그리도 고울세라
검은 피부 왕 팔뚝에 힘들이 불끈 솟고
동해의 붉은 태양도 희망가를 부른다오.

웃음에 봉사활동 꽃피우는 우리 마을
쓰라림 물리치고 자립 세워 일어서고
봉사손 가는 길마다 희망가 피어난다.

난지도

먼지 날아 뒹굴다가 쓸모없어 버려지고
난지도가 웬 말인가 천하게도 찢기 우며
그래도 일편단심에 주인 찾아 헤매 돌고.

천지신명 도움인가 여기 저기 구원소리
씻어내고 벗겨내고 녹이 슬어 기름 치고
어느 날 무지개 뜨고 희망가는 들려왔소.

시원한 길 꽃향기에 산새들이 지저귀고
녹음방초 야생화는 제 자태를 뽐내는데
향기에 희희낙락에 새벽길이 산뜻하오.

동창들 모임에서

종달새가 울어대고 보릿단에 정이 들고
삼삼오오 짝을 지어 동그라미 그리던 날
해님도 원을 그리며 빙글빙글 돌아갔지.

술 한 잔에 취기 돌고 어린 시절 뒹굴 리고
술기 취해 화담 취해 구름 날개 펼쳐보며
물속에 파닥 거리며 물장구로 재주 피고.

하얀 머리 주름살에 인생사연 쌓아 놓고
한 평생에 걸어온 길 모닥불을 피우면서
그리던 꿈의 동산에 잡화상을 차려보자.

道의 길

도의 길 인생행로 인간 독에 물이 들어
고관대작 인간멍에 목숨 걸고 쓰더니만
어깨는 무쇠 만근이라 힘겨워 어찌하오.

고개 숙여 자숙하고 풀한 포기 애정품고
자연의 섭리 속에 초로 같은 인생인데
욕심에 비리 속에서 풍덩 이며 허덕이오.

자연섭리 벗어난 길 독소로 가득한 몸
화장기 구역 냄새 왈칵 하고 토해 내여
초심의 도의 길에서 인생 향 찾아보오.

우리 것

열무김치
총각김치
새콤 달콤 우리 김치

우리입맛
돋워내는
천하일품 절인김치

쌀밥에
김치찌개라
세계 속에 명품이오.

진달래 꽃
살구꽃에
울긋불긋 삼천리에

우리 눈 맛
일궈내는
천하제일 무궁화는

세계에
명품 꽃이요
대한의 표상이오.

고희

천지의
진동 속에
하늘이 열리우고

인맥의
숨결에서
한 생명 솟구치어

차디찬
암석위에서
인생길 눈부시다.

연륜 쌓여
고희이고
칠순에 생일이라

현오 선생
칠순잔치
세월이 흘렀건만

오늘에
생일잔치에
童顔이 가득하다.

탁구 경기

세계가 빙글빙글 하늘에서 곤두박질
열대지방 숲속인가 열기가 솟구치고
열기에 후끈거림에 땀방울 맺히누나.

탁구공 손에 쥐고 여기저기 탐색전에
하늘에 별이 날고 함성소리 요란한데
이겨라 박수 소리에 눈알이 팽팽 돈다.

샤갈의 작품전

하늘에서 두리둥실 연인들이 날아가고
빨간 색 파란 색에 도시위에 지붕들이
꿈속에 색채위에서 소망들이 펼쳐진다.

소금이 물에 녹아 나귀는 둥둥 뜨고
서로 보며 놀랐는지 귀들은 종긋한데
그래도 사랑의 눈빛 그림에 가득하다.

파란하늘 구름위에 사람들은 떠다니고
조각달은 비둘기에 가자하고 날아올라
은하수 사랑 물결에 하늘에 일렁인다.

제4부 세계는 하나인데

자식 사랑, 덕원산로, 한 지붕 두 하늘, 호국의 넋

평양 예술단, 동창마을, 용호강, 김덕원 의사 ……

자식 사랑

우주만물 축복 속에
빚어놓은 부모 사랑

언어생활 다르다고
생각조차 다를 리오

동서양
부모의 마음
가시고기 마음이오.

이억만리 이국땅에
피붙이를 보내 놓고

자나 깨나 눈물 고여
지새우다 만나는 날

눈물의
상봉의 인가
동서양이 어디 있소.

덕원산로

선열의
호국충혼
덕원산로 오솔길

돌 하나
풀 한포기
오직 하나 독립광복

고장의
자랑이어라
애국지사 동창골.

자유의
외침이어
독립의 높임이어

손마다
태극 깃발
민족혼의 물결들이

동창골
덕원산로에
만세소리 드높네.

한 지붕 두 하늘(금강산 관광)

삼천리에 금수강산 무궁화가 피련마는
하늘의 푸른 빛깔 어디론가 가버리고
핏빛에 서린 한이여 통곡 소리 드높아라.

화진포 불빛 아래 밤하늘이 새어 들고
차창에 흔들리는 북녘 동포 신음 소리
먼동에 빛 흘리면서 어깨 위로 애무한다.

그 누가 갈랐는가, 허리 잘린 민통선아
육십여 년 병마인데 아물 법도 하련만은
세월이 하 수상하니 만물상에 기도하자.

바위도 아플세라 붉은 자국 피멍이여
바닷물 세찬 파도 솟구치어 닦아 내도
피멍울 흐르는 눈물 아직도 흐른다오.

모질게 파는 삽질 아직도 못 팠는지
긴 수렁 뚝 섬에는 핏기바랜 여윈 얼굴
흐르는 차창 속으로 우리들과 흘러가네.

호국의 넋

임일랑 죽거들랑 꽃이 되어라 했었는데
송이송이 꽃송이가 할미꽃 핀 무덤가로
유월의 총성 소리가 여기 저기 들려온다.

피 끓는 청춘이라 조국 위해 산화하고
조국의 하늘아래 등불 되어 밝혔는데
가신 님 한의 소리는 산천초목 울려온다.

살점이 흩어지고 끓는 피가 곤두서고
하늘도 붉게 타고 핏 빛 강이 되었는데
비석의 아픈 허리는 피멍으로 가득하다.

들판의 잡초에도 바람님이 찾아오고
냇가의 조약돌도 물소리가 반기는데
오늘도 임의 영령은 하늘에서 맴을 돈다.

평양 예술단(탈북자 예술단)

하늘땅이 진동하여 한반도에 잡은 터전
홍익인간 백의민족 얼이 되어 피웠는데
어쩌다 허리 잘리어 핏빛으로 물들었나.

龍의자리 동강 되고 육십여 년 할퀸 자취
그 누가 알겠는가, 우리민족 맺힌 한을
가슴에 박힌 상처가 메아리로 퍼져온다.

생사의 갈림 길에 가시철망 넘어와서
대한의 품에 안겨 예술대접 받지마는
그리운 고향 향수는 달랠 길이 없다오.

동창마을 용호강

얼이 찢긴
산허리에
오열하는 그날 음성

까치들도
한이 되어
산허리에 맴을 돌고

충혼은
메아리 되어
용호강을 흐른다오.

김덕원 의사(비문)

충절의 의사 앞에 손 모아 합장하고
애국의 흔적들을 비문에서 새겨보며
못 다한 애국 충절에 마음이 메입니다.

우뚝 솟은 위엄들이 애국 애족 표상이라
기미년 사월 삼일 독립 만세 태극 깃발
피 흘려 적신 산야는 무궁화 꽃 만발하오.

백마고지

철새도 목이 메어
쉬어가는 능선에서

총탄의 빗발 속에
아비귀환 음성들을

고지를
잠재 옵소서
그 날의 원혼들을.

빼앗고 빼앗기고
불꽃 튀는 백마고지

휴전선 철조망을
아직도 풀지 못 해

한 맺힌
눈망울들이
별이 되어 흐른다오.

금강산

동해의 붉은 햇살 백두대간 기어올라
구비마다 용이 되어 왜구에 호령인데
삼팔선 붉은 철책은 왜 그리 안 풀리나.

육십여 년 허리 잘려 아픔에 저리건만
통곡에 한이 서려 하얀 서리 내리는데
뽐내는 너의 자태는 하늘을 뚫는구나.

불이 날고 흙이 튀는 동족상잔 비극 속에
굳세게도 버티어 온 금강산의 절개인데
민족의 얼싸 안는 날 언제나 오려는가.

6. 25 회고

6. 25의 동족상잔
화양강은 붉어지고

1. 4후퇴 엄동설한
피난살이 꼬마둥이

오늘에
하얀 주름살에
굳은살이 되어가네.

고향이라 찾아오니
판자 집만 즐비한데

오순도순 옛 마을은
흔적조차 없어지고

폭격의
연봉 삼거리는
폐허로 앓고 있네.

해안선 북녘 마을

강화도라 해안선에 요리조리 가노라면
눈 길 따라 합수머리 유유히 흐르는데
뽀얗게 잡히지 않는 차창 서린 북녘 마을.

고불랑 육십여 년 허리 잘려 굽어지고
오천만 흘린 눈물 억조 모여 바다 되어
퍼렇게 멍든 가슴을 그 누가 아르리오.

창살 넘어 건너 마을 어둠 깔려 적막인데
등잔하나 그리 없나 온 천지가 암 흙 세상
어쩌다 북녘 마을이 어둠 속에 묻혀있나.

다문화 배움터

우주선이
돌아가고
여객기가 세계 돌고

지구촌이
나의 마을
동서양이 하나인데

다문화
피는 마을에
웃음 꽃 가득하네.

서로 다른
문화 속에
초롱초롱 눈망울은

한글을
읽어 내고
우리문화 정이 들고

공부방
배움터에서
세계 꽃 피어나네.

보리울에 무궁화 피다

홍천강 눈물강은
굽이굽이 흐르는데

왜놈의 발굽소리
하느님도 노여워라

보리울
산골마을에
무궁화 내리셨네.

산새들도 찾아들고
별님들도 모여들어

밤새워 피운 마음
송이송이 손에 들고

한서의
남궁억 선생
민족 혼 일구셨네.

무궁화 축제

방방곡곡
장원의 꽃
축제장에 모여들어

곤지 찍고
연지 찍고
발갛게 상기되어

저마다
숨은 열정에
축제장이 뜨겁구나.

시끌벅적
여기저기
우리민족 축제마당

오천년의
민족정기
삼삼오오 모이는데

그렇지
꽃 중의 꽃은
우리 꽃 무궁화지.

제5부 생각에 젖어

인생길, 회상, 추억, 잠 못 이루는 밤, 후회
세월의 흐름, 밤의 소묘, 청문회, 성숙....

인생 길

인생도
글자처럼
썼다가 지운다면

가다가 잘못되면
돌아서서 지워 놓고

인생길 환한 웃음에
후회 없이 살겠네.

인생도 지우개로
지워서 고친다면

시퍼런 멍울자국
유리처럼 지우련만

태고 적 삼신 할멈이
멍울 도장 찍었다네.

회상

어릴 적 화양 강변 모래사장 뱃전에서
우뚝 솟은 남산정기 거북 등을 바라보며
그 옛날 향에 취해 멍텅구리 되었네.

육이오 비린내를 아는가 모르는가?
불꽃 튀는 총탄이 빗살같이 퍼부은 곳
깊은 밤 고요 속에서 총성소리 들리네.

연봉리의 삼거리에 비행기 폭음소리
서로들 살겠다고 밤나무 골 피난살이
그 날의 악몽 소리에 밤하늘이 젖는다.

조상들의 얼이 서린 살기 좋은 홍천의 땅
화양 강의 물소리는 소리 없이 흐르는 데
남산골 깊은 골에서 옛 소리를 듣는다.

추억 1

해님은 빙그르르 서산에서 맴을 돌고
살며시 눈감으며 귓속에다 하는 말이
옛날에 동산 그리던 그 때가 좋았다고.

십여 년을 하루같이 맴돌며 오가던 길
산천에 수놓으며 형형색색 그리다가
이제야 돌아와 보니 생각들이 일어난다.

십 평 남짓 교무실에 또닥또닥 타자소리
한 글자 한 글자에 정성 드려 치는 모습
아직도 미소 지으며 동그마니 앉아있다.

추억 2

가을이라
시름하나
얼기설기 걸쳐놓고

하늘에
동그라미
그 시절의 메아리로

우리 속
사슴 되어서
긴 목을 빼어본다.

가을 비
낙엽 되어
온 종일 마중오고

아스라이
밀려오는
추억에 젖어들어

풀벌에
울음소리도
예사롭지 않구나.

추억 3

사각사각 하얀 꿈에서 하루를 빗는 구나
긴긴 나날 육십 평생 가슴앓이 부여잡고
못 다한 아쉬움들이 와르르 쏟아진다.

어릴 적 꿈 동이들 이제야 어른 되어서
그 시절 그리면서 추억에 젖어 들고
뒤돌아 오늘이라면 둥개둥개 했으련만.

하얀 세상 하얀 마음 이제야 마음열자
훨훨 떠도는 구름도 파란하늘 누비는데
그 시절 구름벌판에 한 땀 한 땀 놓아 보자.

잠 못 이루는 밤

가로등
불빛은
길 위에 길게 눕고

하늘의
별들은
반짝반짝 생각 젖어

어둠의
현란 속에서
속삭이다 뒤척이고.

어제의
별님들이
오늘도 설치는지

밤새워
산허리를
둥글둥글 굴리는데

까만 밤
잠 못 이루어
하얀 밤이 되는구나.

세월의 흐름

하얀 햇살에 낙엽타서 김 오르고
몽실 구름 두둥실 길손 잡아 흐를 때
겨울 속 성큼 걸으며 나도 같이 가잔다.

오후의 한나절 해님 말아 배 채우고
흐르는 세월 속에 이리 저리 굴리는데
하늘도 구름 따라서 멀리멀리 흐른다.

밤의 소묘

빨간 황혼이 붉게 타오르는 태양처럼
심장의 고동소리 하늘까지 튀어 오르고
육신의 타는 정열이 별이 되어 쏟아진다.

밤마다 새겨보는 하늘 속에 희망가는
여름날 한 송이의 붉은 꽃을 피우려고
뒤척여 잠 못 이루는 밤 보낸 날이 얼마인가.

희미한 등잔불에 호미 들고 이랑 캐신
개천가 호들 소리 벗을 삼아 구십 평생
손바닥 맺혔던 물집 못 따드린 아쉬움.

청문회

검은 마음 붉은 티 툭 툭 툭 털어버려
티끌 하나 뽑고 나면 그리도 시원한데
여보쇼 가슴앓이에 고생도 많으시오.

둘러대고 피해보고 요리조리 미꾸라지
흙탕 속에 암흑세상 마음마저 검정이라
꿈속에 꿈속에서도 속이느라 혼나겠소.

파란들에 파란 하늘 녹음방초 싱그러움
거짓 없고 꾸밈없고 햇볕나면 방긋 웃는
자연의 놀라운 순리 그것부터 배웁시다.

우리는 한 민족

강원도가
어디이며
전라도가 어디인가

좁디좁은
땅덩어리
토끼꼬리 국토인데

손에 손
서로 잡으며
세계로 뻗어보자.

북한이
어디이며
대한민국 어디인가

좁디좁은
땅덩어리
토끼꼬리 국토인데

남북한
얼싸안으며
세계로 뻗어보자.

성숙

찌는 듯
불가마 속에
살 갗은 아리어도

누런들
넘실거리는
하얀 속살 그려보며

나 홀로
미소 머금으며
여름밤을 지새웠다.

하얀
구름위에
햇살들이 모여들어

들녘의
오곡들이
삼삼오오
익어갈 때

운동장
어린 꽃들이
웃음 볼이 환하다.

하늘을 우러러

허둥지둥 인간세상 살아가는 인생행로
평생에 뉘 보일라 거울 속에 비추면서
오늘도 하늘 우러러 백팔번뇌 닦아보자.

공자 말씀 맹자 말씀 성인들의 말씀대로
책 속에 새긴 길을 마음속에 새겨 놓고
마음에 파란 하늘에 티 한 점도 없애보자.

후회

이승에서
저승생각
불가마속 생각하면

중생인생
허물인생
죄 껍데기 인생인데

묵은 때
벗지 못하고
한해가 지나간다.

삼락회

육칠십에 고령이라 옛날에나 하는 말씀
힘든 일도 내가 먼저 솔선수범 하노라면
젊음의 힘이 솟구쳐 두 팔에 힘이 나오.

백발에 구구 팔팔 구순이라 하지마는
꼿꼿한 자태로다 토해내는 열변들이
신나는 노래 가락에 구순도 청춘이오.

학

착하게
살아보자
천국보다 어려운 길

깊고
깊은 곳에
차곡차곡 묻어두어

먼 훗날
미소 지으며
훨훨~ 날아보게.

날개를
쭉쭉 뻗어
평생을 날았어도

희로애락 각축하다
평생에 지은 업보

차라리
묻어버리자
메모장에 낙서한다.

자화상

하늘에 인연들이 엄마 뱃속 파고들어
어느 날 한 순간에 울음보 터트린 날
삼신이 나를 낳고서 바둑 한 점 두었다네.

산에 들에 피고 지는 춘하추동에 꽃망울이
한 겹 두 겹 쌓인 흔적 인생행로 뒤적이면
찬 겨울 모진 바람에도 친구처럼 살아왔네.

사노라 희로애락에 이마에는 물결 일고
인생에 살아 온 길 자화상을 그리는 데
열두 줄 가야금 소리 교향곡에 젖어드네.

개발지의 무덤

살아생전 불효 한을 조상 넋에 위로 받아
풀 한포기 감길 새라 헤집어서 뽑아 주며
무덤가 장미 빛 한 송이 효심을 심었는데.

대대손손 이어보자 마음 다진 효도 한이
굉음소리 한 순간에 절개마저 무너지고
구천에 떠도는 넋을 그 누가 풀어 주리.

고향

초가집 환히 열린 싸리문가 복항아리
산 넘어 하늘가에 송사리 떼 수영놀이
시냇가 텀벙거리던 발가숭이 철부지.

저녁밥 모락모락 굴뚝에서 피어나고
석양에 노을빛도 밥상머리 초대인가
웃음꽃 방안에 가득 행복한 초가삼간.

물레방아 빙글빙글 풍년들어 신이난다
오색 풀빛 단풍들은 정겨움에 어깨 겯고
디딤돌 깡충거리며 정겨웠던 친구들.

가는 세월

절색가인
황진이도
가는 세월 못 잡았고

천하호령
진시왕도
지는 해를 막지 못해

한 잎의
추풍낙엽으로
돌아가는 인생이오.

허공

꿈이라 잡았는데
무지개로 날아가고

별이라 따왔는데
하늘나라 달려가고

한 평생
잡은 손에는
허공만 난무하오.

꿈이라 잡았다고
어깨가 으쓱하고

별이라 따왔다고
세상을 찔러내고

평생에
잡은 손에는
허공만 가득한데.

허세

통통한 벼이삭은
고개 숙여 답례하고

묵직한 태산들은
겸손으로 좌정인데

빈 머리
머리통으로
무게만 잡는구나.

어쩌다가 인간세상
출세자리 잡았다고

목덜미에 힘이 불끈
양 어깨는 들썩들썩

이 양반
이러다가는
황천길이 멀지 않소.

세상살이

꿈이 없다 탄식이네
내딛으면 꿈들인데

하늘의 뜻 길 놓으면
여기 저기 트이거늘

속세의
질긴 인연에
까만 길에 애가 탄다.

가도 가도 인간 세상
희로애락 애절한데

하늘 세상 길 트이면
곳곳마다 낙이거늘

인간사
끈질긴 매듭
고통 길에 허덕인다.

| 시평 |

비유법과 상상력이 풍만한 시상의 우수성

시조시인 · 문학평론가 · 수필가
(사)한국한문교육연구원 이사장
문학박사 瑞雲 張 喜 久

Ⅰ. 바위(岩) 위에 솟아난 소나무(松)처럼

송암 선생은 초등학교에 근무했던 교원출신이다. 교원의 꽃은 역시 교장을 거쳐야만 그 행동거지가 넉넉해진다고 말하듯이 교장으로 마지막 정년을 하였으니 그와 같은 모습을 보인다. 그래서 그런지 송암을 볼 때마다 넉넉한 모습을 만나게 되고, 다소곳한 행동이며, 차분한 말씨까지도 그를 만나는 이들의 마음을 편안하게 한다.

송암은 일찍이 문학에 뜻을 두어 운문도 쓰고 수필도 썼던 문학도의 길을 택했다. 꾸준하게 글을 쓰다 보니 다른 장르보다는 자신의 곧은 성격처럼 문학 중에서도 바르고 어김없는 정형시를 좋아했단다. 일본의 하이쿠보다는 한국의 전통시조를 좋아했고, 중국 최고의 풍류인 한시의 영향을 받아 우리 선현문학의 정수로 꼽히는 한시보다는 시조를 좋아하여 시조 수학에 많은 시간을 보냈다 한다.

그 결과 우리나라 시조계간지 중에서도 역사가 가장 깊은 [시조문학: 이태극 선생 최초발간]을 통해 등단의 절차를 밟았다. 그 이후에도 꾸준하게 시조의 길을 걸었을 뿐만 아니라 요즈음은 시조를 계속 쓰면서도 같은 정형시의 한 장르인 한시의 매력에 푹 빠져 정진하고 있다고 한다. 꾸준한 학구열에 감탄하게 된다.

송암의 제1시조집「별 하나 나 하나 별들의 고향」를 보면 모두 5부로 나뉘어져 있다. 제1부는 '계절 따라서', 제2부는 '자연의 미', 제3부는 '사람들의 속삭임', 제4부는 '세계는 하나인데', 제5부는 '생각에 젖어' 등이다. 각 부는 내용에 따라서 적절하게 잘 배분되어 읽은 이들의 편의를 도모할 수 있도록 간결하게 되어 있음이 특징이다. 이와 같은 내용의 각 부에서 3~4수를 임의 선정한 다음에, 평자의 시평에서도 본문 내용의 흐름을 제5부로 나누면서 한 부를 더 첨부했다. 송암의 작품 중「정년퇴임」이야말로 그의 인생 경로의 모든 것이 함축되어 있고, 시의 문학성도 우수하여 이 한편 만을 골라 1편을 별도로 하여 제6부로 나누어 시평으로 상재上梓하였다. 상재된 시평 각 부의 이름은 평자가 임의로 적절히 조정하였음을 밝힌다.

Ⅱ. 잔잔하게 흘러내린 문학적 상상력의 향연

송암 문학의 대체적인 흐름은 잔잔한 문학적 상상력과 함께 서경敍景과 서정적敍情的 작품을 망라하여 대체적으로 비유법을 덧칠해 놓은 것이 특징이라 하겠다.

1) 사계절의 변화 앞에서

화사한 아지랑이 / 얼음장 밑에 녹아들어
하루 종일 속삭이다 / 봄기운 퍼 올리고

파르르 뛰어오르며 / 하늘에서 놀잔다.

–「봄2」 전문 –

화사한 봄이 되면 움추렸던 어깨를 쭈욱 펴면서 새로운 나래를 편다. 생명 약동의 계절이다. 자연이 생동하는 소리가 들린다. 시인은 화사한 봄의 숨결 속에 얼음장 밑으로 슬며시 들어가는 그 무엇이 있었던 것으로 보였던 모양이다. 다름 아닌 아지랑이란 한 꼭지다. 이 녀석이 봄에 싹을 피울 새순에도 들어 갈 수 있었을 것이고, 땅 속의 개구리에게도 살며시 귀뜸을 해 줄 수 있었을 것이다. 그렇지만 하필이면 들어 갈 곳이 없어 도톰하게 얼었던 얼음장 속으로 파고 들어간 심보(?)를 부렸던 것을 상상하게 된다.

화자의 부르짖음은 얼음장 속에 들어간 아지랑이가 얼른 나오지 않고 하루 종일 깊은 대화의 늪에 빠졌음을 상상해 내고 만다. 얼음장 속에서 하루 종일 소곤소곤 속삭이다가 어느 순간 봄기운을 마구 퍼 올렸다고 했다. 화자가 느끼는 봄은 싱그러운 그런 봄, 화창한 그와 같은 봄이었음을 알게 한다.

송골송골 땀방울이 / 맺히는 한나절에

여름이 풍덩 풍덩 / 강물에 뛰어 들고

숲들도 더위에 지쳐 / 물속에 잠긴다.

–「더위」 전문 –

여름은 5월초의 입하立夏가 좋은 때를 알려주지만, 6월이 돌아오면서 망종芒種과 하지夏至가 전령처럼 때를 알려준다. 땀방울이 이마에 조롱조롱 맺히면서 여름 기운을 느끼게 한다. 시인은 이런 계절적인 시기에 시원한 강물을 찾아가 더위를 식히고 싶었던 모양이다. 땀방울이 송골송골 이마와 등 뒤에 맺히는 한나절이 되어서 마냥 여름이란 녀석이 풍덩풍덩 강물에 뛰어 들고 싶었다고 했다. 여름이 물에 들어갈 리야 없었겠지만, 여름을 의인화하여 그가 물에 들어갔음이란 시상을 만난다.

위와 같은 상황에서 화자의 극치는 시원함 그것이었다. 이와는 달리 냇가에 서있는 나무는 더위에 그만 지치고 만다. 물에 첨벙 뛰어든 여름을 따라 같이 들고 싶었던 것으로 상상해 낸다. [숲들도 더위에 지쳐 / 물속에 잠긴다]는 상상의 날개다. 물속에 들어간 시인과 물속에 들어가지 못한 나무를 그림자로 합리화하는 시적인 상상력이 대비된다.

高空의 하늘가에 / 단풍 잎 그려지고
봉우리 楓山마다 / 오색 물 가득한데
산마다 노을이 빠져 / 붉은 물 울어난다.
–「가을 단풍」 전문 –

가을은 8월초의 입추立秋가 높은 하늘을 전해 주지만, 9월이 되면서 백로白鷺와 추분秋分이 수확을 재촉한다. 시인은 익어가는 계절에 날개를 달고 싶었던 모양이다. 높은 하늘이 어서 오라는 듯이 손짓을 하고, 오색으로 물든 단풍은 견딜 수 없게 만들었을 것이다. 그래서 고공高空의 하늘가에 단풍잎은 곱게 그려지고 봉우리 봉우리의 풍산楓山마다 오색 물 가득하게 물들었다고 했다. 태백 준령을 타고 한 반도를 줄 긋듯이 물들이는 장관을 보면 탄성을 자아내지 아니할 수 없다.

이런 가을의 장관 앞에 시인은 두 팔짱만 끼고 가만히 있을 수 만은 없었겠다. 산마다 굽이마다 찾아 나서며 동네방네 잔치를 벌리고 싶었을 런지도 모른다. 시인은 화자의 입을 빌어서 산마다 노을이란 옷을 곱게 차려입고 깊이 빠졌더니 붉은 물이 우렁차게 울어댄다고 했다. 얼마나 가을에 취했으면 이런 시상까지 떠올랐을까 하는 생각을 하게 된다.

칼바람이 울어대는 / 동장군의 기습에서
너도나도 종종대는 / 얼어붙는 발길에는
하얗게 뿌리 내리는 / 겨울의 찬가인가.

싸늘함이 스며드는 / 살을 에는 새벽길에
여기저기 찬 기운에 / 종종 대는 걸음에는
함박눈 펄펄 내리는 / 한 겨울의 반주인가.

– 「동장군」 전문 –

겨울은 폐장閉藏을 알리면서 조용히 쉬는 계절이다. 봄, 여름, 가을동안 싹트고 자라고 수확하면서 이제는 편히 쉬어야 한다. 자연의 순환 원리라는 오묘한 진리임을 엄숙한 교훈으로 말없이 가르치고 있는 지도 모른다. 겨울은 11월초가 되면 입동立冬이 온갖 생물에게 바쁘게 수확하고 감출 것을 재촉하고, 12월이 되면서 대설大雪과 동지冬至에는 겨울이 깊어감을 소소하게 알려준다. 그래서 시인은 칼바람이 소리 내어 울어대는 동장군의 갑작스런 기습 속에서 참을 수 없을 만큼 큰 소리라도 치고 싶었을 것이다. 그리고 너도나도 종종대는 얼어붙는 발길로 깊은 땅 속과 제 살집을 뚫고 꿈적거리며

들어가고 싶었을 지도 모른다.

목을 움츠리는가 싶더니만 옷깃을 턱밑까지 들어 세우는 매서운 추위가 올 양이면, 사철나무도 그랬을 것이지만, 단풍나무에겐 더 이상 말할 필요는 없었으리라. 시인은 이와 같은 상황을 잘 인식하고 싸늘함이 스며들어 살을 에는 어두운 새벽길에 온통 여기저기에서 찬 기운이 매섭게 감돌고 있었는데 종종 대는 걸음에서 그것을 느낄 수 있을 것이라고 물어 본다. 아니 단정해 버린다.

화자의 넋두리는 여기에서만 머물지 않고 순환하는 계절 앞에, 폐장의 순서 앞에 슬며시 두 가지 물음을 던진다. 하얗게 온 대지 속에 뿌리를 내리는 저 황홀함이 진정한 겨울의 찬가인가라고 하면서. 기련起聯에서 약동을 위한 찬가讚歌는 아니겠는가 하는 물음에서 그 답까지도 미리 내려놓았던 화자는 미련尾聯에서도 함박눈 펄펄 내리는 한 겨울의 합창과 성스러운 찬미의 하모니를 이루는 부르짖음을 반주伴奏라고 표현했다. 앞구의 찬미과 뒷구의 반주는 시적인 효과를 거두는 특징적인 시심을 발휘하는 버팀목에 된다. 시인만이 간직하는 멋진 시상이리라.

2) 자연의 아름다움을 품고

수평선이 열리면서 / 새벽이 오고 있다.
밤새도록 날개 짓에 / 해를 품고 누었더니
우르르 날아오르며 / 바다가득 열고 있다.

–「바닷가 새벽」 전문 –

시인은 바닷가 새벽 공기에 흠뻑 취했던 모양이다. 취하기보다는 섬광에 빛나는 여명黎明의 눈동자를 만끽하며 태양의 환희를 맛보고 싶었을 것이다. 초저녁에 슬쩍 눈을 붙인 시인은 설레는 마음으로 더 잠을 청하지 못하고 차가운 새벽 공기에 하루를 의탁하려고 했겠다. 저 멀리 아스라이 먼 수평선이 슬그머니 열리면서 새벽이 뚜벅뚜벅 찾아오더니만, 밤새도록 퍼드덕 거리는 날개 짓을 하면서 해를 꼬옥 품고 길게 누었다는 시상을 떠올린다. 이런 고운 시어를 적절하게 골라 주워담는 바구니가 가득찼을 때 좋은 시가 된다는 실례實例를 보인다.

시인의 시상은 슬며시 얼굴 내민 태양이 불쑥불쑥 오르는 모습을 '우르르 날아온다'고 했다. 마치 쏟아지는 별똥별 같이 한꺼번에 날아온댔으니 그 느낌과 시상에 다른 말을 더 이상 잇지 못하고 만다. 화자를 통해 바다를 채우면서 열고 있다고 했다. 시상의 아름다움을 맛보게 된다.

> 하늘의 솟음이 / 땅으로 뻗치는지
> 지표의 놀라움이 / 하늘을 날고 있고
> 물방울 구슬 꿰어서 / 하늘을 덮는구나.
>
> ─「천지연 폭포」 전문 ─

천지연 폭포는 백두산 천지에서 뿜어 오른 물이 북쪽을 향하여 떨어지는 폭포수다. 연변지역을 옥토를 포근히 적시면서 송화강으로 흐르면서 동북삼성의 환희를 맛보게 하면서 러시아의 오츠크해로 흐르는 원류다. 민족의 애환을 간직한 백두산 천지를 찾았던 시인의 마음은 착잡했을 것이다. 하늘 위의 용솟음이 땅으로 길게 뻗치는지도 모르겠다는 의심을 품은 뒤를 이어 지표의 놀라움이 하늘을 날고 있다고 했다. 쓸 수 있는 모든 비유법 덩이로 덕지덕지 덧칠하고 있음을 본다.

화자는 하늘을 날고 있는 거대한 폭포라는 큰 속에 작은 물방울을 대비해 보이는 깨알 같은 시상 주머니를 얽혀 놓았다. 물방울 같은 하나하나가 구슬을 꿰어서 하늘을 덮고 있다는 대비법을 쓰고 있다. 비유법은 작은 것이 큰 것을, 큰 것이 작은 것을 대비했을 때 작품의 진가가 더욱 짙어진다는 점을 알고 나면 이 시의 시상이란 고매한 멋을 알 수 있단다.

> 한줄기의 여름은 / 물소리로 익어가고
> 숲 속의 솔잎소리는 / 구름 되어 흐르는데
> 내 마음 솔잎 향기는 / 산 너머에 구른다.
>
> –「솔향기」 전문 –

시인은 늦봄이 되면 향긋한 솔향기를 한껏 맡았던 모양이다. 송홧가루가 상긋이 피어오른 봄에 산내음을 밟고 서서 산을 오르면 누구나 맡을 수 있을 진한 솔향 내음은 차분한 마음을 감동시키기에 충분하다. 시인은 그랬던 모양이다. 초여름이 멀리서 상큼하게 피어오르면 한줄기의 여름 다발은 물소리로 점점 익어가고, 숲 속 솔잎소리는 구름 되어 흐른다는 다정한 송향 한 마디를 살포시 그려내었다. 송홧가루가 은근하게 익어가다가 멀리 날리는 내음이 솔향을 풍길 양이면 가슴이 섬칫해 짐을 느낄 수 있어 좋다.

화자는 참을 수 없은 솔향기에 깊이 취했던 모양이다. 내 마음 속에 가득 채워진 솔잎 향기는 산 너머에 살며시 구른다는 사상을 다듬어 놓았다. 마음 속에 깊이 담아둔 솔향이 얼마나 진했으면, 산 너머까지 그렇게 멀리 굴러갔다고 했을까 하는 생각을 하게한다. 사람들은 이

내음을 맡고자 산에 오르는 지도 모르겠다.

파란하늘 주저앉아 / 선녀바위 촛대바위
눈 속마다 가득가득 / 비단물결 찰랑이고
창가에 흐르는 풍경 / 황홀경에 빠집니다.

백두대간 신의 재주 / 한계령의 만물상
가슴 속에 차곡차곡 / 열두 곳간 다 채워도
넘치는 신비로움을 / 담을 곳이 적습니다.

–「한계령」 전문 –

한계령은 강원도 인제군 북면에 소재하는 내설악과 남설악의 경계를 이룬 고갯마루다. 한계령에는 사람이 다닐 수 있는 '한계'가 있는 것인지, 사람이 등을 짐을 짊어지고 걸을 수 있는 '한계'가 있는 것인지, 역시 어떤 '한계'가 있기는 있었던 모양이다. 시인은 한계령에서 보았던 상황과 느꼈던 상황을 한 폭의 그림을 그려나가듯이 빼곡하게 그려내고 있다. 한계령의 파란 하늘을 보는 마음은 너무 황홀하여 그저 주저앉아 선녀바위와 촛대바위에 취하고 말았다는 시상을 담아냈으며, 그 눈 속마다 가득가득 담겨진 곳에는 비단 금물결이 찰랑거리고 있다고 했다. 화자는 그 정경을 바라보는 창가에서 은은하게 흐르는 진풍경에 마냥 황홀경에 빠져 들고 말았을 것이다. 한계령에서 보는 풍경에 흠뻑 취하지 않고는 이런 시상이 나올 수 있느냐는 생각을 갖게 한다.

이어지는 2연에서는 더 진한 감동의 셔터를 연신 누르듯이 감상과 감동의 사진을 찍어댔다. 백두대간을 이루어 신이 꾸며놓은 재주가 한계령의 만물상을 이루었으니 가슴 속에 차곡차곡 담아 열두 곳간 다 채울 수 없겠다는 상상의 나래를 폈다. 신의 재주는 만물상을 넘칠만큼 오묘한 진리의 조각품이라도 만들지 않았던가 하는 생각에 빠지고 만다. 그래서 화자의 황홀경은 이제 담을 그릇도, 적어 놓을 종이도 없었겠다는 자신의 신비로움에 빠진다. 넘치는 신비로운 만물상의 오묘한 모습을 더는 담을 곳이 적다고도 했다. 시인은 이 시에서 특유의 수사법을 썼다. 종장 마지막 구에서 '빠집니다. 적습니다'라는 존칭보조어간을 씀으로서 시격을 높이는 노련미를 보이고 있어 시적인 효과를 거두고 있는 돋보인 작품이다.

3) 오순도순 소곤거리는 소리를 듣고

욕심에 눈이 멀어 / 한 평생 헤매다가
가시가 목에 걸려 / 고통 받는 사람보소
버릴 것 욕심을 버리면 / 행복하게 사는 것을.

－「욕심을 버리면」 전문－

욕심이 사람을 죽인다는 말을 한다. 그 욕심을 물욕物慾과 명예욕名譽慾을 제일로 꼽는다. 어쩌면 우리 인간이 살아가면서 위 두 가지 욕심을 빼면 다른 욕심은 없다 싶을 정도의 비중을 차지한다. 시인은 욕심에 너무 많아 눈이 멀어 한 평생을 어영구영 헤매다가 결국에는 가시가 목에 걸려서 고통을 받고 있는 사람을 보라는 청유형의 문투를 일구어냈다. 운문韻文에서 청유형 문장은 자칫 상대의 공감을 이끌어 내야할 문학의 특수성에 비추어 볼 때 문학성이 결여 될 수도 있겠지만, 여기에서는 자신에게 묻고 자신이 답하는 형태를 취하고 있어서 어감이 자연스럽고 매끄럽게 처리했다.

그리고 화자는 이런 자기주장의 높은 이념의 푯대 끝에 놓아야 한다는, 버려야 한다는 고매한 교훈성 한마디를 던지고 만다. 사람들이 버릴 것은 욕심이고, 이를 적절하게 조화를 이루게 된다면 행복하게 살게 된다는 가르침을 은근히 던진다.

> 바다는 파도 물어서 / 하늘에 바다 놓겠지
> 하늘은 구름 물어서 / 바다에 하늘 놓겠지
> 세상이 바뀌는 날에 / 천지가 뒤집어 지겠지.
>
> -「세상이 바뀌는 날」 전문 -

해학성이 깃들어 있으면서도 깊은 시상이 담긴 작품이다. 문학은 이른 바 거짓말을 잘 해야 한다고들 말한다. 있을 수 없는 것, 있을 법한 사실(?)을 문학성에 비추어 일구었을 때 작품 질을 높이게 된다. 위 작품은 이런 면에서 역설적인 표현의 진수를 맛보게 된다. 시인은 바다가 파도를 입으로 물어서 하늘에 바다를 놓을 것이라는 상상을 하다가, 하늘이 구름을 물어서 바다에 하늘에 수를 놓을 수도 있겠다는 넌센스 같은 시상이다. 역설적인 표현이고 실현 가능성은 낮은 시심이다.

그러다가 화자의 넋두리라는 문학의 진수를 펼쳐 보인다. 세상이 한 번 뒤바뀌는 그 날엔, 천지가 진동되는 그 어떤 날에는 천지가 뒤집어 지고 말 것이라고. 부정부패가 판을 치고 그른 것이 옳다고 하는, 재판관이 오판하는, 정치인이 선거 공약을 뒤집는 그런 세태를 꼬집고 있는 것이란 생각을 떨쳐버릴 수 없는 작품의 이면裏面을 살며시 열어 보인다.

희미한 등잔불에 / 호미 들고 이랑 캐신
개천가 호들 소리 / 벗을 삼아 한 평생
손바닥 맺혔던 물집 / 못 따드린 아쉬움.

—「어머니1」 전문 —

'어머니'란 시제를 두고 썼던 작품이 많다. 어머니란 제목으로 곡을 붙여 심금을 울렸던 노래도 많다. 아무리 불러도 어머니는 우리의 가슴 깊은 곳에 묻어 두어야 할 소중한 분이다. 시인은 어머니의 한 많은 지난 세월을 생각하면서 시상을 떠올렸다. 밤 세워 길쌈이며 바느질을 하다가 먼동이 틀 무렵 희미한 등잔불을 입으로 '호호' 불어 끄고, 호미 들고 밭으로 나가 이랑을 호비작거리며 고구마와 감자를 캐신 어머니를 떠올린다. 그 분은 개천가에서 들려오는 호돌기 소리에 장단을 맞출 양으로 벗 삼아 한 평생을 사시었다.

화자는 그런 어머니를 떠올리면서 마지막 해드리지 못한 아쉬움을 회상해 본다. 어머니의 손가락 매듭 매듭에 물집이 생겼다. 화자는 어머니 손바닥과 손가락 마디마디에 깊이 맺혔던 물집을 바늘로 따드리지 못한 아쉬움을 가슴 깊이 간직하고 있다. 몇 번을 부르고 목 놓아 불러도 지치지 않는 이름, 어머니를 생각하면서.

아침밥 모락모락 / 부엌에 김 오르고
저녁밥 옹기종기 / 밥상에 모여 앉아
육남매 어른 되어서 / 이제에 고맙단다.

바다 같은 자식 사랑 / 늙는 줄도 모르도
태양 같은 뜨거운 정열 / 이마엔 주름살이

일평생 가시고기인 아내 / 무엇으로 보답하리.

－「아내」 전문－

내 아내만한 여자가 없단다. 마누라 친 사람치고 정신이 말짱한 사람 없다고 말한다. '정든 임이 오셨는데 인사를 못해' 하는 시절이었을 적의 표현이었을 것이다. 가장 가까운 부부간의 정다운 관계를 부끄러워 말하지 못한 시절의 이야기다. 내 아내의 고운 사랑, 내 아내의 참다움을 누구보다 잘 알고 있는 사람은 남편인 자기다. 내 부인의 칭찬을 내가 하지 않으면 누가 하리.

시인은 이런 점을 잘 알고나 있듯이 아내에 대한 애틋한 사랑, 연모지정戀慕之情을 조금도 가식 없이 떠올리고 있다. 이런 연모지정은 가식이 있거나 과장도 없어 보인다. 아침밥상이 오를 무렵이면 모락모락 김이 솟아 부엌 쪽에서 피어 오른 고소함과 수고로움이 묻어나고, 저녁밥이 오르게 되면 옹기종기 식구들이 밥상 앞에 모여 앉아 맛있게 먹는다. 일상 되풀이 되는 행사 같은 일들이지만 거기엔 사랑과 정성을 곱게 묻어나는 가족애가 아내의 손가락과 정성에서 나온다. 그래서 화자는 곱게 기른 육남매 자식의 어엿한 어른이 되어서 이제에 '고맙단다' 라고 아내의 입장에서 시상을 떠올린다.

이어지는 2연에서 남편인 시인의 입장에서 시상 덩이를 덕지덕지 떠올리고 있다. 바다 같은 마음으로 자식들을 알뜰하게 사랑으로 감싸 주었고 자기는 나이 들어 늙는 줄도 모르고 불타는 태양 같은 뜨거운 열정으로 불태웠기 때문에 본인도 모르는 사이에 이마에는 군번 같은 주름살이만 늘었다는 시상이다. '어쩔거나 아내의 일평생'을 하면서 화자는 깊은 회한에 젖는다. 그리고 쏟아내는 한 마디로 위안을 삼으면서 아내에게 작은 위로를 보낸다. [일평생 가시고기인 아내 무엇으로 보답하리]라는 한 마디다. 평자는 이 말에 대한 시평 한 마디의 해답을 더 이상 찾지 못하고 머뭇거리고 만다.

4) 민족의 애환도 가슴에 품고

철새도 목이 메어 / 쉬어가는 능선에서
총탄의 빗발 속에 / 아비귀환 음성들을
고지를 잠재 옵소서 / 그 날의 원혼들을.

– 「백마고지」 2수중 첫수 –

백마고지는 전쟁의 상흔이 가시지 않는 곳이다. 아픈 기억이 또렷한 능선이자 피어린 격전지였기 때문이다. 이와 같은 사실을 알고 있는 시인은 날아가는 철새도 그 때의 일을 생각하면 차마 목이 메어 날지 못하고 쉬어가는 그 때의 능선에서는 총탄의 빗발 속에 아비귀환 음성들이 들려오는 듯했다는 추억을 더듬는다. 보병 9사단과 중공군 38군 3개 사단이 12번이나 뺏고 빼앗기는 격전이 벌어졌다가 결국은 아군이 다시 되찾았던 피어린 곳이기에 더욱 그랬을 것이다.

백마고지를 찾는 시인은 다른 할 말이 없어 보이는 듯 참혹하게 죽어간 영혼을 가만히 매만진다. 화자는 피나는 전선의 고지를 잠재 옵소서 그 날의 원혼들이란 차분함을 보이게 된다. 이어지는 후구에서는 [빼앗고 빼앗기고 불꽃 튀는 백마고지 // 휴전선 철조망을 아직도 풀지 못 해 // 한 맺힌 눈망울들이 // 별이 되어 흐른다오]라고 하면서 아픈 상처를 어루만진다.

6. 25의 동족상잔 / 화양강은 붉어지고
1. 4후퇴 엄동설한 / 피난살이 꼬마둥이
오늘에 하얀 주름살에 / 굳은살이 되어가네.

고향이라 찾아오니 / 판자 집만 즐비한데
오순도순 옛 마을은 / 흔적조차 없어지고
폭격의 연봉 삼거리는 / 폐허로 앓고 있네.

－「6. 25 회고」 전문 －

철원의 전쟁 참화는 이미 많이 알려진 바와 같지만, 인근 지역도 같은 현상이었다. 작품상의 고향이란 무대는 강원도 홍천이다. 언급된 화양강은 홍천강의 한 지류로, 6,26의 아픔을 함께 안고 있는 강이며, 연봉 삼거리 또한 6,26의 아픈 기억에서 사라질 수 없는 지명이다. 시인은 전쟁의 참화를 겪었던 어느 병사를 가상적인 인물로 설정한 시적인 대상자로 삼고 있음으로 보인다.

시인은 1연에서 6,25참상과 1,4후퇴의 아픈 참상이란 밑그림을 그리고 있다. 6.25 때 동족상잔으로 피비린내 나는 화양강은 핏빛으로 붉어졌고, 1. 4후퇴의 엄동설한의 피난살이에 집을 잃고 꼬마둥이 집에 깃들었던 생각을 연상한다. 화자는 꼬마둥이 때에 들었던 주름살이 굳은살이 되고 말았다는 회고담을 상상하고 있다. 이 또한 전쟁의 아픈 흔적이다.

이어지는 2연에서는 6,25이후에 고향을 떠났던 병사가 모처럼 고향을 찾았음을 회고한다. 고향이라고 찾아오기는 했었지만 지금도 상흔傷痕은 아물지 않고 판자 집만 즐비하기만 한데 오순도순하기만 했던 살기 좋은 옛 마을은 흔적조차 없어지고 말았다는 회고담 같은 시상이다. 화자는 폭격 당했던 연봉 삼거리는 전쟁을 증언이나 하는 것처럼 지금도 폐허덩이를 머리에 이고 중병에 앓고 있다는 아픈 기억을 떠올리고 있다. 그래서 화자는 다시는 그런 일이 반복되지 않기를 바라는 마음을 담아 시상을 얽켜내고 있다.

강화도라 해안선에 / 요리조리 가노라면
눈 길 따라 합수머리 / 유유히 흐르는데
뽀얗게 잡히지 않는 / 차창 서린 북녘 마을.

고불랑 육십 여년 / 허리 잘려 굽어지고
오천만 흘린 눈물 / 억조 모여 바다 되어
퍼렇게 멍든 가슴을 / 그 누가 아르리오.

창살 넘어 건너 마을 / 어둠 깔려 적막인데
등잔하나 그리 없나 / 온 천지가 암 흙 세상
어쩌다 북녘 마을이 / 어둠 속에 묻혀있나.

–「해안선 북녘 마을」 전문 –

우리나라에 평화전망대는 11곳이 있는 것으로 알려진다. 동해안의 고성평화전망대를 비롯해서, 서해안의 마지막인 강화평화전망대가 있다. 시인은 이곳을 찾아 6,25 참상이란 쓰라린 아픔에 이어 이곳에서는 북한을 가장 가까운 거리에서 바라볼 수 있는 곳이다. 밀물과 썰물이 흰 물살을 내면서 오르내리는 곳에 사람이 드나들지 않는 60년이 되는 한강과 임진강이 만나면서 그 옛날 고려의 큰 무역항구 벽란도가 있었다는 예성강 하류와 만나는 지점을 사이에 두고 남과 북이 대치하고 있는 곳이기도 하다.

시인은 강화도의 해안선을 따라 가노라면 눈길이 끌리는 곳이 있었으니 합수머리 유유히 흐르는 곳에 도달했다고 했다. 가깝게는 1.5km의 아주 가까운 거리에 북한의 농촌 모습을 볼 수 있는 곳이 철책 없는 철의 삼각지대다. 화자는 뽀얗게 잡히지 않는 차창 서린 북녘 마을이 아스라이 보인다는 시상을 떠올렸다.

이어지는 2연에서 화자는 155마일 휴전선을 의인화하여 고불랑 육십여년 동안 왕래가 없었으니 허리 잘려 굽어졌고, 오천만 민족이 흘린 눈물 억조 방울이 맺히고 모여서 바다 되었다는 회고를 해낸다. 시상의 아름다움, 표현의 기교가 남다른 상상을 해내는 작품의 이면을 만나는 기분이다. 화자는 터질 것만 같은 복중의 심회 한 마디를 쏟아내고 만다. 허리에 퍼렇게 멍이 들고 가슴에 쌓인 그 한을 과연 그 누가 알겠는가 하며 맺힌 한을 다 쏟아 붓지 못하고 만다.

3연에서 시인은 평화전망대 창살 너머 저 건너 북한의 농촌 마을에는 전기불도 없이 점점 어둠이 깔려가면서 적막을 드리우고 있건만, 전기불도 없이 등잔불 하나도 그리도 없는 것인지 온 천지가 암흑 세상으로 변하고 말았다는 시상이다. 이것이 북한의 현실이다. 불도 없고, 물도 없고, 먹을 것도 없다는 북한을 보면서 그만 넋을 잃고 마는 화자의 모습을 상상해 본다. 그리고 허탈한 한 마디를 쏟아내고 만다. [어쩌다 북녘 마을이/어둠 속에 묻혀있나]라는 스스로의 물음 한 마디에 자기 위안을 삼는다. 시인의 허탈한 심정이 환하게 보인다.

5) 덩치로 품에 안은 사색의 향기 속에

이승에서 저승생각 / 불가마속 생각하면
중생인생 허물인생 / 죄 껍데기 인생인데

묵은 때 벗지 못하고 / 한해가 지나간다.

－「후회」 전문－

사람은 후회하면서 산다고 한다. 자신을 뒤돌아보고, 내일을 설계하며 산다. 한 해가 저물어 가는 마당에 넌지시 뒤돌아보기도 한다. 지난 발자국은 후회덩어리였으리니. 통회의 아픔 속에 뉘우침이 있었다면 '후회'다. 시인도 아마 그랬던 모양이다. 여러 가지 착잡한 생각 때문에 이 생각 저 생각이 겹치면서 이승에서 저승까지의 겹치는 생각을 했을 때 불가마속도 생각하면서 자기 노출을 해보았다. 그러면서 중얼거리는 생각은 중생인생과 허물인생을 생각했을 것이고, 그 모두를 죄 껍데기와 같은 인생이라는 사실을 알게 되었다.

후회 덩이리였음을 은근하게 암시하고 있다. 그러한 깊은 통한의 후회 속에 다시 말없이 묵은 해가 멀리 꼬리를 감추고 있다. 화자는 지난 묵은 때를 벗지 못하고 한해가 다시 말없이 지나갔음을 생각하면서 살며시 뒤돌아 본다. 이를 시인은 화자의 입을 빌어 '후회'라고 했다. 내년에는 더 잘할 것이라고 하면서.

절색가인 황진이도 / 가는 세월 못 잡았고
천하호령 진시왕도 / 지는 해를 막지 못해
한 잎의 추풍낙엽으로 / 돌아가는 인생이오.

－「가는 세월」 전문－

머리카락이 희끗희끗해지면서 '갑년'을 재촉하는가 싶더니만, '고희'를 목전해 두었다면 가는 세월을 되돌아보게 한다. 물이 빠진 사람은 지푸라기라도 잡고 싶은 심정이라고 했듯이 가는 세월을 재촉하며 저물어 가는 운명에 속수무책일 수밖에 없다. 뭇 남성을 울리며 조선의 절색가인으로 자리잡았던 황진이도 가는 세월만은 붙잡지 못했고, 천하를 호령했던 진시황제도 멀리 저물어 가는 해를 막지는 못했음을 은근한 비유법으로 덧칠해 보인다. 그러함에도 범인인 시인이 어떻게 가는 세월을 붙잡을 수 있겠는가를 한탄하는 모습을 끌어안는다.

이렇게 절박한 순간에 놓인 화자가 바라보는 꼭짓점 같은 인간의 한계는 정해진 한 줄기 빗방울이나 한바탕 하늘을 호령하는 번개와 같을 것이라고 생각했겠다. 한 잎 추풍낙엽처럼 그렇게 본연의 고장으로 돌아가는 것이 인생이라는 허탈감에 빠진다. 가는 세월을 그렇게 더 이상 붙잡을 수 없다고.

하늘에 인연들이 / 엄마 뱃속 파고들어
어느 날 한 순간에 / 울음보 터트린 날
삼신이 나를 낳고서 / 바둑 한 점 두었다네.

산에 들에 피고 지는 / 춘하추동에 꽃망울이
한 겹 두 겹 쌓인 흔적 / 인생행로 뒤적이면
찬 겨울 모진 바람에도 / 친구처럼 살아왔네.

사노라 희로애락에 / 이마에는 물결 일고
인생에 살아 온 길 / 자화상을 그리는 데
열두 줄 가야금 소리 / 교향곡에 젖어드네.

－「자화상」 전문－

자화상을 그리는 것은 진정한 자기의 모습을 살피는 현상이다. 자화상을 그려보지 않는 사람은 매사에 자기는 잘했고, 상대는 못했다는 핑계라는 짙은 안개에 싸인단다. 인간사의 모든 일과 사건은 상대적이다. 나만 잘하고 상대는 잘못한 것은 아니다. 내가 잘했기 때문이 상대가 잘못한 것이고, 내가 잘못했기 상대가 잘 할 수도 있다. 억지로 자기주장만을 내세울 필요는 없다. 그렇다면 베일을 벗기듯이 자화상을 그려보는 것도 진정한 자기를 아는 한 방법이 될 수도 있을 것이다.

시인은 대국적인 국면에서 탄생의 신비, 하춘추동이라는 험로, 희노애락이라는 질곡의 삶을 한국적인 가야금 소리와 서양적인 교향곡에 버물러 내려고 했던 것 같다. 인생 험로의 곡예를 한 외줄에도 그려 보인다. 하늘의 깊은 인연이 엄마 뱃속에서 깊숙하게 파고들어 하늘이 열리는 어느 날 한 순간에 울음보 터트리고 세상에 태어났음으로 시상을 일으켰다. 화자는 신비에 젖은 나머지 삼신할머니란 분이 나를 낳게 하고 좋은 일을 할 인물인가? 그렇지 않을 인물인가?를 은근하게 점쳐 보인 탄생의 신비로움을 열거하고 있다. 이렇게 태어난 자신을 거울에 비춰보이듯이 부끄러움도 없이 노정해 보인다. 비유법을 덧칠하면서...

이어지는 2연에서 시인은 산과 들에 꽃이 피고 지듯이, 모진 비바람이 불듯이 온갖 고통과 어려움을 딛는 모습을 춘하추동 꽃망울이라고 표현해 보였다. 그 길이 이제는 한 겹 두 겹 쌓인 흔적으로 겹치면서 이것이 바로 인생행로를 뒤적이게 된다고 했다. 화자로 하여금 벗기게 하는 덩치는 그 모진 겨울 바람에도 친구처럼 살아왔다고도 했을 것이다. 이런 어려운 고비를 넘기면서 모질게 살아온 청장년기 시절을 회상해 보인다.

3연에서 화자는 춘하추동의 거센 비바람을 견디어 가면서 사노라니 많은 고생이 있었음을 회고하면서 희로애락이란 계급장이 이마에 물결처럼 일고 있으며, 인생에 살아 왔던 길을 자화상처럼 그려 보게 된다. 잘못했던 후회도 더없이 많았을 것이다. 내 탓 보다는 네 탓으로 돌리는 삶이었음을 이마의 계급장에 견주어 비춰 봐야할 시점에서 또 다른 자화상은 당연히 그려낼 수 있었겠다. 이와 같은 자화상을 붙잡아 멘 화자는 열두 줄 가야금 소리라는 한국적인 질곡의 삶에 서양의 교향곡이라는 실타레를 요리조리 얽혀 가면서, 풀어보는 회상에 젖는 자화상을 그린다. 이제는 노년기라는 회상의 자화상이다. 그렇다면 앞으로 해야 할 일은 무엇일까. 저물어 가는 나이에 이제는 남겨야 된다는, 이제는 베풀어야 된다는, 이제는 숙명과도 같은 짐을 짊어지던지, 아니면 자포자기하며 짐을 내려놓으면서 엄숙하게 판단할 일이다. 억척스럽게 더 모으려는 재욕財慾을 훌훌 털어 버리고 본연의 인간으로 돌아가려는 모습으로 자화상이란 멋진 그림 한 폭쯤은 그려야 되지 않을까 본다.

6) 홍안의 꿈을 안고 교직을 지켰으니

스무 동이 홍안에서 / 조잘 무리 등에 업고
아침 해 두둥실 / 어느새 밤 내리고
아이들 족두리 쓰고 / 세상맛이 쓰다 한다.

오늘이 올 줄이야 / 진작 알았다면
어허 둥둥 등에 업고 / 토닥토닥 했으련만
종아리 피멍 들겠다 / 눈시울이 붉어진다.

이제야 정년에서 / 마음 털어 버리고
하늘에 넓은 세상 / 한 아름 안으며
흘러야 썩지 않는다는 / 말 순리대로 살리라.

—「정년퇴임」 전문 —

40년을 전후하여 근무했던 직장을 훌훌 벗고 떠나기란 쉽지 않다. 미련을 버리자 하면서도 미련 속에 묻힐 수밖에 없는 것이 인간인지도 모른다. 덕지덕지 아련한 추억 덩이로 남아 있을 수밖에 없게 때문이다. 시인은 40년이 넘게 교직을 봉직했던 것으로 안다. 제자 사랑, 올곧고 바른 생활을 몸에 지내고 살았고 성실하게 근무했었기에 쉽게 떨쳐 버릴 수는 없는 직장이었으리. 이십 세를 갓 넘은 스무 동이 홍안에 조잘거리는 초등학생들을 등에 업고 교직에 출발했을 때는 귀엽게 크던 내 자식들도 꿈에 부푼 아침 해처럼 두둥실 뜨더니만 어느새 정년이라는 발자국이 뚜벅뚜벅 다가와 밤이 내리고 있음을 한탄한다. 화자는 어찌할 수 없는 정년을 등에 없고 화관 한 개를 머리에 쓰고 나니 제자를 비롯해서 육남매 녀석들이 결혼이라는 족두리 모자를 쓰고 제 둥지를 찾아 살더니만 이젠 세상맛이 쓰다 한다는 비유적이 표현에 왕관 모자를 덧씌운다.

시인은 정년을 예견하기는 했었겠지만, 실감실정은 나지 않았던 모양이다. 그래서 오늘이야 올 줄을 사실이라는 귀염둥이로 안았더라면, 사랑이라는 덩치를 가슴에 품고 쓸어안고 등 두드렸을 것이다. 어허 둥둥 등에 업고 토닥토닥거리기 라도 했으련만 결국 그렇지 못했음을 [가는 세월] 만큼 후회라는 덩어리가 컸음을 보인다. 화자는 '바르거라, 착하거라, 곱게 자라라' 하면서 회초리 들고 종아리를 때렸던 그 시절이 있었다고 후회하면서 '종아리 피멍이

들었겠다' 하고 참았던 한 마디를 쏟아내며 눈시울이 붉히는 나약한 모습과 함께 애정어린 모습도 보게 된다.

시인은 이어진 마지막 연에서 정년을 실감하니 또 다른 새로운 세계에서 자신을 냉정하게 되돌아본다. 주위를 맴돌던 제자들이 아무도 없음을 알게 된다. 그래서 이제야 실감 실정을 느끼는 정년을 맞게 되었으니 마음을 훌훌 털고 저 넓은 하늘에 또 다른 세상 한 아름을 안아 보겠다고 했다. 그런 세계는 새로운 도약이다. 그런 세계는 지금까지 꾸어 보지 못했던 미지의 세계다. 이와 같은 시상에 도달한 화자는 숭고한 애정의 한 마디를 밑바닥 깊은 곳에 깔고 오직 인간적인 고뇌의 한 마디를 쏟아내고 만다. [흘러야 썩지 않는다는 말/순리대로 살리라]라고 하면서. 썩어야 또 다른 싹을 틔울 수 있다. 낙엽이 썩어야 내년이 나올 싹의 밑거름이 될 수 있기 때문이리라.

위 작품에서 시어 덩이로 한 바구니 가득 담았던 '조잘 무리, 아이들'이라는 시적 상관자나, '토닥토닥, 종아리'라는 시적 대상자를 누구로 보아야 할 것이냐는 질문을 던질 수 있다. 시인의 자제분이냐? 아니면 시인이 지도했던 제자분들이냐?는 문제가 제기된다. 시인이 작품 속에서나마 은근하게 언질이라도 했다면야 모를까, 은유적으로 숨겼다거나, 처음부터 베일에 가렸다면 시인이 정답을 주지 않는 것이 문학의 특수성이다. 그에 대한 판단과 추론은 글을 읽는 독자의 몫이다. '자제분들'인지 '제자분들'인지 작품 속에서 알 수 없다면, 둘 다 정답이 될 수 있다는 가정만을 평자는 제시하려 한다. '영원한 미제未濟'는 '영원한 불후不朽의 명작'이 될 수도 있기 때문이리니.

Ⅲ. 아스라한 인생의 뒤안길에 서서

지금까지 송암 이관수 선생의 제1시조집「별 하나 나 하나 별들의 고향」에 상재上梓된 작품 158수 중에서 몇 편을 골라 시인이 연으로 나누었던 시상 주머니에 따라 군데군데에 배열했던 작품을 시평이란 그림으로 색칠해 보았다. 송암은 성격도 차분하고 가정에 충실한 전형적인 아버지요, 남편의 상이다. 그는 나 보다는 남을 먼저 배려하는 한국의 모범적인 교육자 상을 지닌 선비의 기상을 그대로 간직하고 있다. 그가 걷던 발길은 하나도 비틀어짐이 없었고, 그가 걷던 발자국은 시심 덩이가 덕지덕지 붙어 있어 시인으로서 조금도 손색함이 없다는 것이 대체적인 평가다. 부모님 살아계실 때는 효심이 지극하여 손순遜順의 효성을 꼭 빼 닮았다는 효자의 본보기를 그가 살았던 강원과 홍천 지역에 골고루 뿌리는 훌륭한 아들이기도 했다.

송암의 시문학 세계는 다음 몇 가지로 요약된다고 하겠다. 첫째는, 시어詩語의 정교성精巧性이다. 그의 시를 읽어보면 군더더기가 전혀 없고 시의 흐름이 말끔하다. 어떤 시를 읽으면 너무 군더더기가 많아 읽으면 짜증부터 나는 작품을 가끔 만난다. 그러나 송암의 시는 잡된 말, 주변의 표현은 명료한 부연설명에 그칠 뿐 초점을 잃지 않고 시어가 정교한 것이 특징이라는 것이 평자의 생각이다. 두 번째는, 비유법을 잘 구사하고 있다. 비유는 직유와 은유와 환유 등의 방법이 있겠는데, 대체적으로 직유와 은유를 적절하게 혼용해서 쓰고 있는 것이 특징이다. 시는 비유라는 말이 있다. 비유 없는 시는 죽은 시와 같다고 한다. 특히 시조는 45자 이내의 짤막한 3장 6구체를 통해서 나타내고자 하는 시인의 의도를 다 표출해야 하기 때문이 비유법에 소홀하면 시의 생명이 끊기거나 옅어진다. 그런데 송암의 시는 이런 비유법의 덩어리가 한 편 한 편의 시 속에 잘 녹아 있는 것이 특징이다. 셋째는, 송암의 시조는 단시조가 생명줄과 같아서 달인達人이 아니냐는 생각을 갖는다. 시조의 처음은 단시조에서

출발된다. 3장으로 되어 있는 짤막한 단시조를 흔히 평시조 혹은 경시조라고 하는데, 해방이후 연聯을 길게 늘려 쓰는 것이 한 때 유행이었지만, 요즈음의 경향은 단시조가 주종主從을 이룬다. 송암이 쓴 단시조를 읽어보면 촌철살인寸鐵殺人이란 섬뜩한 생각에 어깨가 들썩 거리는 상황들이 자주 목격된다. 이는 정제된 시어들을 촘촘한 채로 쳐서 적절한 비유법 얼개로 구사하고 있기 때문이라고 판단된다.

사람이 나이 들면 시적인 상상력이나 필력이 약해진다고 한다. 그렇지만 송암은 다르다. 상상력은 더욱 또렷해지고, 필력은 젊음을 과시하는 양, 두툼한 시주머니를 자주 열어 보인 것이 그의 시적인 경향이다. 노후의 건강에는 자신에 차 있다는 생각까지도 하게 된다. 왕성한 상상력과 시심 덩이로, 인생은 칠십부터라는 생각으로 좋은 글을 많이 써서 가깝게는 6남매 자제분 모두에게, 멀리는 친지나 친척이나 가깝게 지내는 지인들의 책꽂이에 곱게 꽂혀 질 수 있도록 제2의, 아니 제3의 시집이 생성되기를 바란다. 그래서 한국교육계의 명작으로 남아 초 · 중 · 고등학교 교과서에도 등재되는 쾌거가 울려질 수 있고, 곱고 맑은 시심이란 외줄을 타고 시지詩紙 위에 넘실댈 수 있기를 기대해 본다. 그의 아호 송암松岩이란 깊은 뜻이 보여주고 있듯이 **'바위(岩) 위에 우뚝 솟아난 저 푸른 소나무(松)처럼'** 그렇게 마냥 펴나아가기를 바란다. 친구 송암이 걷는 발길이 한국교육자의 영원한 표상이 될 수 있도록, 그렇게.